U0902992

儿童诱拐公约实施中的调解问题研究

A Study on

Mediation in the Enforcement of Child Abduction Convention

吕亚芳 著

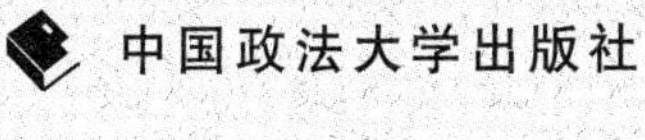

2018 · 北京

图书在版编目（CIP）数据

儿童诱拐公约实施中的调解问题研究/吕亚芳著. —北京:中国政法大学出版社,2018.10

ISBN 978-7-5620-8674-1

Ⅰ.①儿… Ⅱ.①吕… Ⅲ.①拐卖妇女、儿童罪—民事诉讼—调解(诉讼法)—海牙公约—研究 Ⅳ.①D997.3

中国版本图书馆CIP数据核字(2018)第248677号

出版者　中国政法大学出版社

地　址　北京市海淀区西土城路25号

邮寄地址　北京100088信箱8034分箱　邮编100088

网　址　http://www.cuplpress.com (网络实名：中国政法大学出版社)

电　话　010-58908586(编辑部) 58908334(邮购部)

编辑邮箱　zhengfadch@126.com

承　印　固安华明印业有限公司

开　本　880mm×1230mm　1/32

印　张　7

字　数　170千字

版　次　2018年10月第1版

印　次　2018年10月第1次印刷

定　价　39.00元

ABSTRACT 摘　要

1980 年海牙《国际诱拐儿童民事方面的公约》，是第一个专门调整跨国诱拐儿童纠纷的公约，并已发展成为在全球具有广泛影响力的国际法律文件。然而，长期以来，公约在实施中以诉讼程序作为解决跨国诱拐儿童案件的主要方式，在实践中引发了诸多问题。因此，在公约实施中引入调解程序，能为公约的发展带来许多有重要意义的价值。

随着我国国际民商事交往的持续发展，我国对加入儿童诱拐公约的需要将日益凸显。在加入公约之前，我国可以针对涉及我们国家的跨国诱拐儿童案件，先行建立专门的调解机制。而调解机制的建立需要全面考察公约实施中的调解问题。为了论述的方便，本书借“公约调解”以指称这一问题。

本书所称的公约调解，专指在 1980 年海牙儿童诱拐公约实施中，在公约规定的法律框架下适用调解程序解决跨国诱拐儿童纠纷。公约调解有单边调解和双边调解、诉讼前调解和诉讼阶段调解等类型。儿童诱拐公约实施中适用调解方式有其充分的法律基础，除了有公约文本及其软法调解指南的支持，还有支持跨境调解的国内立法和区域性法律规定。调解是公约认可的纠纷处理方式，调解与公约诉讼程序联系紧密，不仅不会对公约诉讼程序造成任何伤害，反而构成对其有益的补充。

与通过诉讼方式解决国际诱拐儿童案件相比，公约调解展现出其特有的诸多优势。尽管存在许多优势，但目前总体上纠纷案件仍然是以诉讼为主要的救济路径，调解程序在儿童诱拐公约实施中的重要性未能充分体现。这可能与公约调解适用的局限性，以及公约调解在适用中所要面临的诸多风险与挑战有关。对于这些因素，不应当将其作为整体上拒绝适用调解程序的原因，而应当在适用公约进行调解时给予足够的重视，在调解程序的开展过程中建立必要的保障措施，以推动调解程序在儿童诱拐公约实施中的顺利适用。

关于如何在公约实施中适用调解程序，主要包括调解的准备性工作、调解程序的启动、调解程序的开展三个方面。调解的准备性工作包括对公约调解员进行一般的和特别的培训、建立公约调解员名册、建立公约调解的信息提供和监管评价体系。不论是在公约诉讼之前，还是在公约诉讼之后启动公约调解，都离不开相关组织和人员的推动作用。启动公约调解还需要完成一些相关工作，包括调解的适当性评估、确定调解的方式和调解的地点以及订立调解知情同意协议。在开展调解的过程中，应当首先遵循调解的基本原则，包括自愿性原则、中立和公平性原则以及保密性原则。在遵循这些基本原则的前提下，在公约调解的范围内对是否交还儿童的问题，以及与此相关的父母亲责任问题进行讨论。

公约实施中适用调解程序，有两方面的问题需要特别加以注意：一是对涉及家庭暴力的公约案件如何处理的问题；二是儿童能否参与调解的问题。跨国诱拐儿童案件中涉及家庭暴力的情形比较普遍。与公约诉讼中侧重于保护家庭暴力受害者的利益一样，适用公约调解时应当首先对案件是否适宜调解进行评估，在调解过程中，采取必要的保障措施保护家庭暴力受害者的人身安全。儿童参与国内调解的发展和公约诉讼实践对儿童参与态度的改变，对儿童参与公约调解程序产生了重要的影响。儿童有权参与公约调解，不论是直接参与还是间接参与，儿童在调解过程中发表的意见都可能影响公约调解的结果。

对于公约调解的结果，当事人会达成一份调解协议。为了避免调解协议达成之后被一方当事人拒绝执行的风险，必须确保公约调解协议具有法律效力和执行力。首先，在拟定调解协议时应当正确认识调解协议的范围，并使之符合准据法的要求；其次，应当使调解协议在两个或以上相关的法律体系内取得法律效力；最后，应当使调解协议在所有相关国家获得承认和执行。

公约调解为我国在加入儿童诱拐公约之前解决涉及我国的跨国诱拐儿童案件提供了新的思路。我国在加入公约之前，可以先行借鉴其他国家发展公约调解的经验，并根据我国的实际情况，尽快建立起调解国际诱拐儿童纠纷的机制，通过调解化解涉及我国内地的国际诱拐儿童纠纷，以弥补我国在这方面的空缺。

CONTENTS 目 录

导 论

在海牙 1980 年《国际诱拐儿童民事方面的公约》(the Hague Convention on the Civil Aspects of International Child Abduction) (以下简称《儿童诱拐公约》或《公约》) 缔约国讨论公约实施情况的国际会议上，来自英国的 Catherine Meyer 女士讲述了她的遭遇。[1] 自从孩子们被父亲诱拐到德国后，Meyer 女士为重新获得监护权已经奋斗了 7 年多。1992 年，Meyer 女士与其德国丈夫离婚，并获得对两个孩子的监护权。两年后，她送孩子们去德国和父亲度假，从此他们就再也没有回来。她的前夫告诉她，他不会交还两个孩子，然后就带着孩子们消失了。Meyer 女士在英国提起海牙公约诉讼，法院裁决交还儿童。然而，Meyer 先生在请求法院给其半个小时带孩子们去指定地点之后，又带着孩子们消失了。Meyer 先生后来在向德国法院上诉期间，根据《公约》第 13 条第 2 款之规定提出了儿童反对被交还的抗辩理由。德国法院支持了父亲的抗辩意见，认为对于一个 7 岁年龄的儿童来说，已经完全可以自己做决定了，因为"一个 7 岁大的儿童，面对选择足球还是柔道，通常知道怎么决定"。法院还指出，交还儿童到英国会置儿童于无法忍受的境地，因为无论在家还是在学

[1] International Child Abduction: Implementation of the Hague Convention on Civil Aspects of International Child Abductions: Hearing before the Comm. on Int'l Relations, 106th Congress, 33, 1999.

校都不说德语，母亲又要上班，也没有时间陪孩子。自那以后，Meyer 女士多次提出交还儿童的申请，但是均遭到了德国法院的拒绝。尽管法院赋予她短暂的 3 个小时的探视权，但当她试图行使这些权利时，却遭到了孩子父亲的拒绝。理由是他担心孩子再次被诱拐，以及孩子们不希望看到母亲。因为法院不执行探视权，又没有其他的救济措施存在，在过去的 6 年时间里，Meyer 女士看望孩子的时间不足 6 个小时。她在会议上证实了诱拐带来的影响："没有一天我不担心我的孩子们，没有一天我不想念他们。作为一个母亲，我永远都不能心安，因为我知道最终的受害者是孩子们。"

"父子有亲"，这是人道伦常的第一条。父母与子女本就是一体，父慈子孝，天伦之乐，这是每一个家庭所向往的，即便是跨国婚姻组成的家庭亦不例外。然而，跨国诱拐儿童事件的出现，生生割裂了父母与子女之间的骨肉亲情，刺伤的不仅是一个又一个家庭，随着国际诱拐儿童日益成为一个全球现象，也在当今国际社会标榜着文明进步的时代标签上，烙上了一道触目的伤疤。

一、研究背景与意义

（一）国际诱拐儿童问题

1. 国际诱拐儿童的概念

提到诱拐儿童，人们通常会想到的是陌生人对儿童实施的绑架、抢夺或偷盗等行为。然而，在国际私法范畴内，诱拐儿童则是指父母或监护人一方违反监护判决、书面协议或法律，将儿童从其惯常居所地转移到另一国家，或者将儿童滞留在其惯常居所地之外的另一国家的民事违法行为。[1]换句话说，在

〔1〕 汪金兰：《儿童权利保护的国际私法公约及其实施机制研究：以海牙公约为例》，法律出版社 2014 年版，第 59 页。

国际私法语境下，“国际诱拐儿童”已经成为父母、监护人或其他近亲属单方迁移或滞留儿童的同义词，或者说特指“国际父母诱拐儿童”（International Parental Child Abduction，IPCA）。[1]本书所讨论的跨国诱拐儿童案件也仅限于父母诱拐儿童的情况。

父母诱拐儿童，不同于陌生人诱拐或绑架、抢夺或偷盗儿童。通常来说，父母诱拐儿童不是为了物质上的要求，而是更多地希望在新的管辖法域对其子女行使单独的照顾或控制权。[2]陌生人诱拐儿童通常涉及刑事犯罪，而父母诱拐儿童行为不论在国内法规定还是国际法层面上，一般都被看作是民事领域的纠纷。当然也存在例外情况。在少数国家例如英国、美国、法国和比利时等国，诱拐儿童在一定的条件下会被作为刑事犯罪，当事人可能会被监禁或处以罚金。

2. 国际诱拐儿童的现状及成因分析

海牙国际私法会议常设局先后于2001年、2006年和2011年发布的国际诱拐儿童案件的全球报告、区域报告和国别报告显示，[3]国际诱拐儿童案件逐年增加，已经发展成为一个全球范围内比较严重的现象。根据海牙会议2008年分发的问卷调查结果，返还申请涉及的儿童数量是2705个。[4]事实上，很难获得全球范围内关于跨国诱拐儿童情况的准确数据，因为每个缔约国的中央机关向海牙国际会议报告该国发生的跨国诱拐儿童

〔1〕 杜焕芳：《国际诱拐儿童民事问题研究：〈海牙公约〉解释、实施与适用》，法律出版社2014年版，第13页。

〔2〕 Paul R. Beaumont & Peter E. McEleavy, *The Hague Convention on International Child Abduction*, Oxford University Press, 1999, p. 1.

〔3〕 关于报告内容的论述，参见杜焕芳：《国际诱拐儿童民事问题研究：〈海牙公约〉解释、实施与适用》，法律出版社2014年版，第17~34页。

〔4〕 Nigel V. Lowe & Victoria Stephens, “Global Trends in the Operation of the 1980 Hague Abduction Convention”, 46 Fam. L. Q., 44 (2012).

情况都是自发性的。但是，有一些缔约国对其国内发生的跨国诱拐儿童案件数量是比较确定的。以美国为例，美国司法部资助的一项国家研究成果表明，一年内美国大约有 203 900 个儿童被家庭成员诱拐，许多被诱拐至其他国家。〔1〕仅 2011 年一年，美国国务院儿童事务办公室（OCI）就收到 941 件对儿童被从美国诱拐到其他国家的报告，收到要求返还从其他国家被诱拐到美国的儿童申请 256 件。2010 年从其他国家诱拐到美国的儿童是 290 人，2012 年增加至 344 人。自 20 世纪 70 年代以来，OCI 已经对大约 16 000 件被父母一方从美国拐走的儿童案件作出回应。〔2〕总体而言，在美国，每年大概有 10 000 件父母跨国诱拐儿童案件。〔3〕其他西方国家的情况也基本类似。〔4〕从这些数据不难看出，国际诱拐儿童的现象比较普遍，甚至已经发展到了非常严重的地步。

国际诱拐儿童现象的产生有着多方面的原因，例如人员的国际流动性和跨国旅行的便利，移民概率的增加和社会对不同文化背景的人组成家庭的开放性和包容性，以及迅速增加的离婚率等。跨国诱拐儿童案件的数量呈上升趋势，也是受到多方面因素的综合影响。

第一，跨国婚姻离异现象普遍。经济全球化背景下，国际

---

〔1〕 Julia Alanen, “When Human Rights Conflict: Mediating International Parental Kidnapping Disputes Involving the Domestic Violence Defense”, 40 U. Miami Inter-Aml. Rev., 55 (2008).

〔2〕 Jennifer Zawid, “Practical and Ethical Implications of Mediating International Child Abduction Cases: A New Frontier for Mediators”, 40 U. Mimai Inter-Aml. Rev., 4 (2008).

〔3〕 Laura C. Clemens, “International Parental Child Abduction: Time for the United States to Take a Stand”, 30 Syracuse J. Int'l L. & Com, 153 (2003).

〔4〕 Tom Harper, “The Limitations of the Hague Convention and Alternative Remedies for a Parent Including Re-Abduction”, 9 Emory Int'l L. Rev., 266 (1995).

民商事交往迅速发展，跨国婚姻关系也随之增多。伴随着传统婚姻家庭观念的转变，20 世纪后期多数国家实现了从过错离婚到无过错离婚、有限离婚主义向离婚自由主义的转变，跨国婚姻的离异事件随之不断增多。由于家庭构成的国际性因素，夫妻之间大多存在着文化、种族和宗教信仰等各方面的差异，随着跨国婚姻关系的破裂，离婚后子女在哪一方所在的国家生活通常会成为父母双方争论的焦点，因此非常容易诱发跨国诱拐儿童事件。另外，跨国婚姻中的孩子们通常拥有双重国籍，具有两份护照，再加之现代国际交通旅行的日益便利，这些因素都成为跨国诱拐儿童案件不断出现的重要现实原因。

第二，诱拐者复杂的意图。国际诱拐儿童通常与跨国婚姻关系出现问题相关，诱拐者带着儿童离开其惯常居住地国家，其动因是各种各样的。有的诱拐者只是在婚姻关系终结后，单纯地希望返回其祖国，因此带儿童离开；有的诱拐者可能是出于对另一方在婚姻中的过错进行报复的心理，把儿童从对方身边带走；还有的诱拐者是认为儿童所处的环境对其成长不利，带走儿童能使其远离危险的环境或确保其在更加适合的社会环境中成长，符合儿童的最佳利益。等等原因，不一而足。尽管父母跨国诱拐儿童的意图千差万别，但是无疑都成为国际诱拐儿童的直接动因。

第三，法律诱因。1980 年海牙《儿童诱拐公约》实施之前，父母在要求返还被诱拐的儿童方面存在着巨大的困难。因为每个国家的司法制度不同，国际社会又没有统一的承认外国法院监护裁决的法律体系，面对外国法院的监护裁决，一些国家在执行方面是犹豫的或者是不愿意的。[1]这种局面的存在会

〔1〕 Christopher L. Blakesley, "Child Custody - Jurisdiction and Procedure", 35 Emory L. J., 295-97 (1986).

促使父母为了避免执行一国法院的监护令，把诱拐儿童作为选择更富同情心的法院的一种方式，[1]即通过挑选法院（forum shopping）与该法域建立一种人为的管辖联系，借以希望取得对其有利的监护裁决。

3. 国际诱拐儿童的影响

国际诱拐儿童带来的消极影响是多方面的。

首先，受到影响的是留守一方的父母。在生活方面，他们将承受情感和心理上的重创。失去孩子通常会让他们感到悲伤、沮丧和愤怒，在试图找回孩子的过程中，面对复杂陌生的外国法律体系，加之外国语言和文化的差异，他们往往不知道该从哪里着手寻求救济，因而通常会感觉无助和无奈。除了情感上遭受的巨大痛苦，留守方父母为找回被诱拐的孩子所要支付的高昂费用，例如交通费、律师费、提供翻译等服务的费用，往往会使他们不堪重负。很多时候，由于被诱拐的孩子与留守方父母分开的时间较长，特别是对于被诱拐时还很年幼的儿童，即使最后返回到留守方父母身边，孩子会对其感觉陌生或者不信任，这对留守方父母而言无疑又是很艰难的心理考验。这些都是国际诱拐儿童给留守方父母造成的身心方面的不利影响。另外，在法律层面，跨国诱拐儿童侵犯了留守方父母对儿童应当享有的监护权和探视权，造成家事纠纷的进一步升级。

其次，尽管跨国诱拐儿童事件对留守一方的父母造成的伤害是巨大的，然而，最主要的受害者还是被诱拐的儿童本人。儿童被迫离开其熟悉的生活环境，为适应新的国家的生活环境可能面临诸多困境。重要的是，国际诱拐行为割裂了儿童与留守父母一方的联系，在一些跨国诱拐儿童案件中，还会造成儿

〔1〕 Esther Levy Blynn, "In re: International Child Abduction v. Best Interests of the Child: Comity Should Control", 18 U. Miami Inter-Am L. lev., 353, 356 (1987).

童与其兄弟姊妹的分离。这些都会造成儿童情感上的缺失，对其身心的健康发展是极其不利的。在许多案件中，诱拐孩子的父母甚至会告诉孩子他们的另一方父母已经死了或是者遗弃了他们，或者告诉孩子与其相处是非常危险的。这些话无疑会对孩子稚嫩的心灵造成重大伤害。再者，跨国诱拐行为使得儿童和留守父母的联系被摧毁，长时间的分离过后，儿童可能会与留守父母一方变得陌生而不愿意亲近。〔1〕此外，一些诱拐者为了躲避留守方父母的查找或者是为了逃避法律的执行，经常搬家更换居住地点，这无疑会影响儿童正常的上学和社交，影响其接受教育和与同龄人之间建立友谊。因此，诱拐行为极有可能使儿童产生严重的情感和心理问题，很多被诱拐的儿童即使在被交还后也仍然存在这方面的问题。例如，美国国务院儿童事务办公室曾在调查报告中指出，被返还之后的儿童通常存在很多问题，比如情绪上不稳定，容易产生焦虑、怨恨、内疚、害怕等心理问题；生活上厌食，做噩梦，睡眠紊乱；行为存在攻击性等。更糟糕的是，诱拐行为对儿童的负面影响可能是深远的。很多情况下，这些心理和情感上的创伤会造成其成年后的问题，包括在身份认知、处理人际关系方面的困境，并可能在自己做父母养育孩子时出现问题。〔2〕

总的来说，诱拐行为对儿童的负面影响是最大的，儿童是真正的受害者。正如 Pérez-Vera 教授在海牙儿童诱拐公约解释

---

〔1〕 Julia Alanen, "When Human Rights Conflict: Mediating International Parental Kidnapping Disputes Involving the Domestic Violence Defense", 40 U. Miami Inter-Aml. Rev., 55 (2008).

〔2〕 Office of Children's Issues, U. S. Dep't of State, "Report on Compliance with the Hague Convention on the Civil Aspects of International Child Abduction", Travel. State. Gov, 6-8 (2009), http://www.travel.state.gov/pdf/2009 HagueAbductionConventionCompliance Report. pdf.

报告中，引用 Mr Dyer 对此问题的研究结论所指出的，“诱拐儿童的真正受害者是儿童本人，他要遭受稳定的生活被突然打乱，和突然与养育他的一方父母失去联系的精神创伤，以及必须适应陌生的语言和文化环境，必须承受陌生的老师和亲属带给他的迷茫与沮丧”。[1]

（二）海牙国际诱拐儿童公约

为了在全球范围内解决国际诱拐儿童问题，《儿童诱拐公约》于 1980 年 10 月 25 日在海牙国际私法会议上正式予以通过，并于 1983 年 12 月 1 日正式生效。公约在结构上分为 6 章，具体包括公约的范围、中央机关、交还儿童、探视权、一般规定和最后条款，共计 45 个条文。海牙《公约》为国家之间合作阻止和救济非法跨境转移儿童提供了机会。迄今为止，公约缔约国已达到 92 个，诱拐公约成为全球范围内解决国际儿童诱拐纠纷影响最为广泛的国际法律文件。

1. 公约的宗旨和目的

《儿童诱拐公约》的宗旨在于就国际范围内保护儿童免受非法转移和滞留的伤害，制定程序以确保迅速交还儿童至其惯常居住地国，并对探视权予以保护。基于该宗旨，《公约》第 1 条明确提出其目的在于：（1）确保迅速交还被非法转移至或滞留于任何缔约国境内的儿童；（2）确保在某一缔约国依法享有的监护权或探视权在另一缔约国获得有效尊重。

海牙《公约》植根于一个基本的理念，那就是诱拐行为会对儿童造成伤害。因此《公约》开章明义，在序言部分强调对儿童利益的保护，并且认为总体而言迅速交还儿童可免除其受到非法转移或滞留的伤害，符合儿童的最佳利益。尽管强调儿

---

〔1〕 Adair Dyer, “The Questionnaire and Report on International Child Abduction by One Parent”, Prel. Doc. No. 1, (21) 1997.

童的利益，公约却不允许被请求国法院或其他机关对儿童的利益作出判断，公约程序仅允许法院判定非法转移或滞留的问题，而将判断儿童利益的权力留给儿童惯常居住地国家的机关。因为公约起草者认为最适合裁决儿童利益事项的法院是儿童惯常居住地国家的法院，同时通过避免诱拐方从“法院选择”中获取利益以切断父母诱拐儿童的法律诱因，以期达到有效预防父母诱拐儿童行为发生的效果。

阻止国际诱拐儿童行为是海牙公约的主要目的，为了实现这一目标，公约要求查找被诱拐儿童的下落、快速交还儿童至其惯常居住地国家，以恢复到儿童被诱拐前的原状。公约的主要目的对于公约案件的处理起着指方立向的作用。海牙公约程序中会涉及对公约文本概念的解释问题，而由于没有统一的公约解释机构，很有可能造成适用结果上的差异性。以法院适用公约规定的返还例外条款为例，公约文本并未对其中的概念进行界定，而是将适用这些返还例外条款的自由裁量权留给法官。这就需要法院在处理公约案件时以实现公约目的为指南，解释和适用相关的规定。

海牙公约通过规定一系列交还儿童的措施对被侵犯的监护权作出救济，保护父母对儿童的法定监护权。公约要求快速交还被非法转移或滞留的儿童，这表明公约认为儿童惯常居住地国家的法院是最适合解决监护纠纷的法院。公约特别强调依照公约作出的有关交还儿童的裁决，不影响监护权的实质问题。在保护监护权的同时，公约还规定了对探视权的保护措施，要求缔约国为探视权的有效行使提供便利，促进探视权的和平行使。公约对监护权和探视权的救济不仅是对当事人权益的保护，更是保护缔约国的利益，使其作出的监护或探视裁决受到其他国家的有效尊重。但是公约并无意规定监护权或探视权的标准，或者就监护权的实质性争议展开调查，公约的目的仅在于确保迅速交还儿童至其惯常居住地国家，以便该国法院能解决监护权和探视权的争议。

2. 公约的适用范围

根据海牙《国际诱拐儿童民事方面的公约》第 3 条、第 4 条和第 35 条的规定，[1]基于公约提起的案件必须满足几个基本要求：

第一，儿童年龄在 16 周岁以下。根据《公约》第 4 条的规定，公约在儿童年满 16 周岁时停止适用。因为公约起草者认为年龄较大的青少年已经是一个更独立存在的个体，拥有自己的主见，因此很难违反一个 16 周岁以上的青少年的意志要求其返回。[2]应当注意的是，公约解释报告指出，一些国家的法律允许未满 16 周岁的儿童拥有选择自己住所的权利，这种情况可能导致公约的无法适用。实际上，在这种情况下，由于《公约》第 13 条第 2 款[3]规定把儿童反对返还的情形纳入司法或行政

---

〔1〕 1980 年《公约》第 3 条规定：“在下列情形下，对儿童的转移或滞留被视为非法：（1）转移或滞留侵犯了在该转移或滞留行为发生前依儿童惯常居住地国法已赋予某人、某机构或任何其他团体联合或单独行使的监护权，并且（2）在转移或滞留时，实际上已共同或单独地行使上述监护权，或若非该转移或滞留行为发生，则将行使此项权利。上述第 1 款提及的监护权，可特别地因法律实践、司法或行政裁决以及依该国法律具有法律效力的协议而产生。”第 4 条规定：“本公约应适用于在侵犯监护权或探视权的行为发生前，惯常居住于某一缔约国的所有儿童。本公约在儿童年满 16 周岁时停止适用。”第 35 条规定：“本公约在缔约国间的适用，仅限于其已在这些国家生效后发生的非法转移或滞留行为。对于已依第 39 条或第 40 条作出一项声明的缔约国，前款所指的缔约国应指该国为本公约所管辖的一个或多个领土单位。”

〔2〕 Elisa Perez-Vera, “Explanatory Report of the Convention on the Civil Aspects of Child Abduction”, *Acts and Documents of the XIVth Session*, Volume I, (77) 1982.

〔3〕《公约》第 13 条第 2 款规定：“如果发现该儿童拒绝被交还，并且其年龄和成熟程度均已达到应对其意见予以考虑的程度，司法或行政机关也可作出拒绝交还该儿童的裁定。”

机关考虑的范畴，也可以获得相同的处理结果，与儿童有权利自己选择住所的国内法规定并不冲突，因而不会影响公约对16周岁年龄限定的范围。

第二，儿童惯常居住地国家和被非法转移至或滞留地国家均属于公约缔约国。需要注意的是，如果儿童被诱拐后下落不明，暂时无法确定其具体的所在地国家，此种情形亦属于公约的适用范围。根据《公约》第7条和第8条的规定，[1]申请人可以向儿童惯常居住地国家的中央机关提交一切可以获得有关儿童下落的社会背景材料，以及认为可能与该儿童在一起的人的身份材料。公约敦促各缔约国中央机关应采取各种直接或间接的适当措施，查找被非法转移或滞留的儿童的下落。

第三，对儿童的转移或滞留行为必须构成公约项下的“非法”。即转移或滞留儿童侵犯了儿童惯常居住地国家法律赋予的

---

〔1〕 1980年《公约》第7条规定：“各缔约国中央机关应相互合作并促进其各自国内主管机关的合作，以确保交还儿童和实现本公约的其他目的。特别是，各国中央机关应采取各种直接或间接的适当措施：（1）查找被非法转移或滞留的儿童的下落；（2）通过采取或推动采取临时措施阻止对该儿童或利害当事人的进一步损害；（3）确保自愿交还该儿童或设法友好解决该问题；（4）需要时交还有关儿童的社会背景材料；（5）提供介绍其本国法律中有关执行本公约一般情况的资料；（6）为了获得儿童返回，进行诉讼或协助进行司法或行政诉讼程序，并在必要时作出安排以组织或保证探望权的有效行使；（7）必要时提供或协助提供包括法律顾问参与的法律援助和法律咨询；（8）提供必要和适当的行政安排，以确保迅速交还该儿童；（9）相互通报有关本公约的执行情况，并尽可能排除不利于适用公约的各种障碍。”第8条规定：“任何声称对儿童的转移或滞留行为侵犯了其监护权的个人、机构或其他团体，可向该儿童惯常居住地国的中央机关，或向任何其他缔约国的中央主管机关提出申请，以确保交还该儿童。该申请应包括下列资料：（1）有关申请人、该儿童以及被指控为转移或滞留儿童者的身份材料；（2）可能获知的话，该儿童的出生日期；（3）申请人请求交还该儿童的依据；（4）一切可以获得的有关儿童下落，以及认为可能与该儿童在一起的人的身份材料；申请书可以附加或补充下列文件：（5）经认证的有关裁决或协议的副本；（6）由儿童惯常居住地国中央主管机关或其他主管机关，或有资格的个人作出的关于该国有关法律情况的证明书或宣誓书；（7）任何其他有关文件。”

某人、某机构或任何其他团体联合或单独行使的监护权。并且，申请返还儿童的一方必须在诱拐发生前已实际行使对儿童的监护权，或者若非该转移或滞留行为发生，则将行使对儿童的监护权。公约对监护权作了定义，包括对儿童的人身看护权，并特别地包括决定该儿童居住地的权利。监护权的产生可以是基于法律实践、司法或行政裁决以及具有法律效力的协议。对监护权的产生作出如此宽泛的定义是重要的，因为“它涵盖了诉前抢夺儿童的重要阶段，此时权利难以确定，没有既定的裁决被违反”。[1]

以上三个方面一起构成海牙《儿童诱拐公约》的适用范围。在跨国诱拐儿童案件中，如果申请方能证明这些要素，则根据公约的规定，返还儿童到其惯常居住地国家就是强制性的，除非诱拐方能提出公约规定的拒绝返还儿童的抗辩理由。

3. 公约的主要内容

在明确公约的宗旨和目的以及适用范围之外，公约的主要内容还包括中央机关、交还儿童和探视权的规定。

(1) 中央机关

公约要求每一个缔约国应指定一个中央机关（central authority），即一个机构负责执行公约赋予的职责。然而，在缔约国是联邦国家、多法制并存的国家或辖有自治领土机构的国家的情况下，应当指定多个中央机关。在多个中央机关被指定的情况下，缔约国必须明确每一中央机关权限的领土范围，并指定一个中央机关负责把申请文件转递至其国内一个恰当的中央机关。

公约对中央机关的职责予以了明确。各缔约国中央机关应

---

〔1〕 Richard E. Crouch, “Resolving International Custody Disputes in the United States,” 13 J. Am. Acad. Matrim. Law, 229, 242 (1996).

相互合作并促进其各自国内主管机关的合作。中央机关采取措施查找被非法转移或滞留的儿童的下落，阻止对儿童和利害当事人的进一步损害。确保自愿交还儿童或设法友好解决儿童诱拐问题。需要时，中央机关被要求交换有关儿童的社会背景材料，并提供介绍其本国法律中有关执行海牙《儿童诱拐公约》一般情况的资料。要求中央机关为安全迅速交还儿童提供必要和适当的行政安排，并向其他中央机关通报各自管辖范围内的公约执行情况。

中央机关的职责并不仅限于对公约的行政监管。公约还要求中央机关为了获得儿童返回，进行或协助进行司法或行政诉讼程序，提供或协助提供包括法律顾问参与的法律援助和法律咨询。也就是说，即使在公约案件进入诉讼程序之后，中央机关的职责并未终止，它必须在纠纷的解决过程中发挥确保公约有效性的作用。

对于不符合公约要求的申请，或者申请缺乏充足理由，中央机关不必接受该申请。在这种情形下，中央机关应当立即将其拒绝接受申请的理由通知申请人，或在必要情形下通知递交该申请的中央机关。但是，如果中央机关拒绝接受公约申请，申请人可以直接向缔约国的司法或行政机关提出申请要求返还被诱拐的儿童。

（2）交还儿童

海牙《国际诱拐儿童民事方面的公约》开章明义，首先“确信儿童利益是儿童监护最重要的问题”，体现了“儿童最佳利益原则”。基于该原则，公约设计了“自愿返还”和“快速返还”机制，敦促司法与行政机关合作，促成儿童的迅速交还。寻求适用公约的留守一方父母可以向儿童惯常居住地国家的中央机关或者任何缔约国的中央机关提出返还儿童的申请，亦可以直接向一缔约国的司法或行政机关提出申请。中央机关在收到申请后，应当首先采取或设法采取各种适当措施，以促成儿童的自愿交还。自愿交还未果的情况下，中央机关有义务保障申请人向法院或行政机关提出司法或行政诉讼。

公约通过规定确保交还儿童实现对留守方父母的民事救济，但前提是转移或滞留儿童的行为构成公约上的“非法”。只要留守方父母对儿童享有监护权并且没有同意儿童迁居，则对方转移或滞留儿童的行为就是非法的。法院通常需要考察三个方面的内容：第一，在被诱拐时儿童的惯常居住地是哪里；第二，转移儿童是否侵犯了留守方父母的监护权；第三，在儿童被诱拐时享有监护权的留守方父母有没有实际行使监护权。如果留守方父母能证明这些方面，则转移或滞留儿童的行为就构成公约上的“非法”。返还儿童仅适用于违反监护权的情形，在侵犯探视权的情形下并不适用。

在非法转移或滞留的情况下，迅速交还儿童至其惯常居住地国家是公约的基本态度。首先，交还儿童是强制性的。根据《公约》第 12 条的规定，非法转移或滞留的期间未满一年，司法或行政机关应迅速作出交还儿童的裁定。即使交还程序是在非法转移或滞留期间已满一年后开始，司法或行政机关也应裁定交还儿童，除非该儿童被证明现已转居于新环境。其次，《公约》规定了快速返还儿童机制。公约要求交还儿童的程序应当迅速，敦促缔约国的司法或行政机关自交还程序开始之日起 6 个星期内就是否交还儿童作出裁决。

交还被非法转移或滞留的儿童是诱拐公约的宗旨与目的所在，但同时公约也明列几种返还儿童的例外情形，以确保儿童的返还符合儿童的最佳利益。这些例外情形包括：（1）申请人在转移或滞留行为发生时，未实际行使监护权，或已同意或事后默认该转移或滞留行为；（2）交还会导致儿童遭受身体或心理上伤害的重大危险；（3）被请求国关于保护人权和自由的基本原则禁止交还儿童；（4）交还程序是在非法转移或滞留一年后开始，并且该儿童被证明现已转居于新环境；（5）儿童拒绝被交还，并且其年龄和成熟程度均已达到应对其意见予以考虑的程度。如果诱拐方不能证明适用这些例外情形，则交还儿童是强制性的。同时，即使诱拐方适用这些例外情形的理由成立，最终对是否交还儿童法院还具有自由裁量权。换句话说，即使诱拐方根据例外情形的规定证实其拒绝返还儿童的抗辩理由成立，法院也可以裁决交还儿童。可见，尽管有这些返还例外情形的存在，但对其的解释和适用都是限制性的，因而不会削弱公约旨在促进交还被诱拐儿童的目的。

（3）探视权

海牙国际《儿童诱拐公约》区分监护权与探视权，对探视权予以了同等的尊重与保护。根据公约的规定，探视权应包括在一定期限内将儿童带到该儿童惯常居住地以外的地点的权利。申请人依照与申请交还儿童相同的方式，将请求确保探视权得到有效行使的申请递交缔约国中央机关。中央机关在收到申请后应当进行合作，促进和平行使探视权。为此目的，中央机关可以通过直接或间接的方式，适用司法或行政程序，或为保证探视权的有效行使提供所必需的所有条件，并采取步骤，尽可能消除所有阻挠行使该权利的障碍。

（三）公约实施中的问题及调解方式的引入

1. 公约实施中存在的问题

经过时间的验证，海牙《公约》在整体上被认为是成功的。在其制定 35 年后，仍在吸收新的国家，目前公约的缔约国已达到 92 个，成为解决国际诱拐儿童问题领域最重要的国际法律文件。尽管公约获得了广泛的支持，关于公约的实施在今天仍然存在许多需要关注的问题。

第一，儿童返还率较低。2008年，海牙国际私法会议常设局对60个缔约国（占整个公约缔约国的75%）进行调研，结果显示，共有1965件交还儿童的申请，最终儿童返还比率只达到46%。在实施交还儿童过程中，由于当事人一方的消极行为可能造成交还过程的诸多障碍。

第二，公约程序存在延误情况。尽管《公约》明确地规定了6个月期限的快速裁决，实践中公约诉讼可能拖延数月甚至几年。

第三，不能避免儿童再次被父母诱拐。由于《公约》要求缔约国只就是否交还儿童作出裁决，并不关注引发儿童诱拐的父母亲之间的实质性纠纷的处理，这可能会造成儿童的再次被诱拐。对于根据公约提起的诉讼，当事人双方都非常紧张：诱拐方担心诉讼终结会失去他的孩子，而留守方则担心他将很少有机会或者根本就不能再见到自己的孩子。[1]有学者认为，《公约》规定的返还例外是有问题的，因为儿童被诱拐到的国家的法院会滥用这些例外条款以支持诱拐方，因为通常诱拐者是那个国家的国民。[2]在法院作出拒绝交还儿童的裁决，或者当事人认为法院会作出拒绝交还儿童的裁决的情况下，留守的一方会再次诱拐儿童（re-abduction）。[3]

---

〔1〕 Wolfgang Vomberg, "Hague Convention on Child Abduction (HCA), the Hague Defences-How are they being applied? Perspectives from the European and German Jurisdictions", 20 *Int'l Acad. of Matrimonial Law*, (5.2) 2010.

〔2〕 Saniya O' Brien, " The Trials and Tribulations of Implementing the Hague Convention on International Child Abduction: Improving Dispute Resolution and Enforcement of Parental Rights in the International Arena", 35 Geo. Wash. Int'l L. Rev., 197 (2003).

〔3〕 Dagmar Coester-Waltjen, "The Rise of Domestic and International Tensions—The European Perspective", 33 N. Y. U. J. Int'l L. & Pol., 71 (2000).

第四，不能确保儿童最佳利益的实现。首先，公约认为诱拐行为在整体上不利于儿童的利益和福祉，因而通过阻止诱拐以实现保护儿童的整体利益。自公约实施以来，国际社会关于儿童的权利和利益的观念发生了改变，开始把儿童视为独立的个体，重视对儿童个体利益的关注，而不再是把儿童作为一个整体的概念予以考量。在此背景下，关于海牙公约是否能给予对个案中具体儿童的个人利益的充分考虑，就成为学者质疑的问题。〔1〕其次，海牙《公约》在订立之时，推测绝大多数情况下，诱拐者是不享有监护权的儿童的父亲，而不是儿童的主要照顾人。然而，实践证明这样的推测是不准确的。根据2008年常设局的调查问卷，72%的诱拐者是儿童的主要照顾人，多数是儿童的母亲。〔2〕在儿童年幼且诱拐方又是作为儿童主要照顾人的母亲的情况下，单独返还儿童并不利于儿童最佳利益的实现。另外，作为留守一方的父亲，许多情况下不想或者也不可能被要求作为儿童的主要照顾人，其申请交还儿童只是担心丧失对儿童的探视权。在此情况下，儿童因为在其惯常居住地国家进行的监护诉讼被要求返还，在监护诉讼终结之后，诱拐方很有可能被允许合法地带着儿童迁居。在不长的时间内，儿童就将面临至少三次的迁居。频繁的迁移对儿童身心和生活的稳定无疑都是不利的。

第五，不能为留守方父母提供充分的救济途径。成为海牙公约的缔约国有两种方式：签署（ratification）和加入（acces-

〔1〕 M. Freeman, "In the Best Interests of Internationally Abducted Children? Plural, Singular, Neither", *International Family Law*, 77 (2002); A. Bucher, "The New Swiss Federal Act on International Child Abduction", 4 *Journal of Private International Law*, 139 (2008).

〔2〕 Nigel V. Lowe & Victoria Stephens, "Global Trends in the Operation of the 1980 Hague Abduction Convention", 46 Fam. L. Q., 44 (2012).

sion)。当一个国家签署海牙公约，《公约》自动在该国和所有其他缔约国之间产生效力。[1]当一个国家加入海牙公约，《公约》只在这个国家和承认该国加入海牙公约的缔约国之间产生效力。[2]签署和加入公约方式的不同，会造成公约在不同缔约国之间效力上的不同。即使儿童惯常居住地国家和儿童被诱拐到的国家都是公约缔约国，留守方父母也可能不会得到任何救济。例如，儿童惯常居住地国家不承认儿童被诱拐到的国家加入了海牙公约。

第六，存在缔约国不遵守公约的情形。海牙公约没有任何制裁权，依靠不同的缔约国家根据公约的规定自行采取行动。从缔约国执行公约的情况来看，一些国家遵守公约的情况堪忧。美国国务院（DOS）每年就具体国家执行《儿童诱拐公约》的情况发布年度报告，把结果分为三类：不遵守（non-compliance）；部分遵守（partial compliance）和遵守（compliance）。2008 年年度报告就指出，不遵守公约的国家包括洪都拉斯、巴西、智利、希腊、墨西哥、斯洛伐克、瑞士和委内瑞拉。[3]有些国家不遵守公约的情况非常严重。例如，自 2006 年起，DOS 报告中不遵守或不能完全遵守公约的名单中都有巴西。从巴西的公约实践来看，巴西中央机关从收到留守方父母提出的海牙公约申请，

〔1〕 Caitlin M. Bannon, "The Hague Convention on the Civil Aspects of International Child Abduction: The Need for Mechanisms to Address Noncompliance", 31 B. C. Thirdworld L. J., 145 (2011).

〔2〕 Hague Conference on Private Law, "Guide to Good Practice under the Hague Convention of 25 October 1980 on the Civil Aspects of International Child Abduction", Part Ⅱ-Implementing Measures 13~14 (2003).

〔3〕 Office of Children's Issues, U. S. Dep't of State, "Report on Compliance with the Hague Convention on the Civil Aspects of International Child Abduction", Travel. State. Gov, (2009), p. 13. http://www.travel.state.gov/pdf/2009HagueAbductionConventionComplianceReport.pdf.

到中央机关将其提交适合的法院，平均用时是225天。[1]严重超出了《公约》规定的6个星期的时间期限。当缔约国不遵守海牙公约的要求，造成返回程序的延误，或者在寻找被诱拐儿童的下落方面不予合作，就会造成诱拐方适用公约返还例外的情形。例如，《公约》第12条规定了提起公约申请的1年期限。如果当事人不能在1年期限内提起公约程序，法官就可以根据第12条行使自由裁量权，确定儿童是否已转居于新的环境。当法官认定儿童已转居于新的环境，则可拒绝返还儿童，有关儿童事项的管辖权就会发生改变，儿童被诱拐到的国家成为其新的惯常居住地。

2. 公约实施中引入调解方式

由于上述这些问题的存在，公约缔约国开始探讨公约诉讼的替代性解决方式。一些国家开始尝试对跨国诱拐儿童案件使用调解方式解决，公约调解（convention mediation）也逐渐进入海牙国际私法会议工作的视野。

在欧洲，早在2000年，英国的国际儿童诱拐中心Reunit组织，开始调解涉及英国的国际儿童诱拐案件。在为期4年的试点项目期间，28个案件适用调解。调解的纠纷中未经诉讼得以解决的比例高达75%。2002年，德国联邦家事调解协会（BAFM）启动一项名为“调解涉及父母儿童的国际纠纷”的项目，以解决与1980年海牙《公约》和《布鲁塞尔条例Ⅱbis》有关的涉及父母和儿童的国际冲突。2003年，BAFM与法国国际家事调解协会（MAMIF）合作，调解两国之间的国际儿童诱拐案件，到2006年3月调解了大约50件~60件案件。2007年，德国联邦调解协会（BM）开始从事BAFM项目，两个组织最终于2008年

[1] Nigel V. Lowe & Victoria Stephens, “Global Trends in the Operation of the 1980 Hague Abduction Convention”, 46 Fam. L. Q., 70 (2012).

在德国成立独立的非政府组织 MiKK，专门组织调解涉及父母和儿童的国际冲突。法国组织 MAMIF 开展双边调解，自 2001 年至 2006 年，调解 454 件案件，多数与国际儿童诱拐有关，涉及 77 个国家。欧洲其他国家如瑞典、爱尔兰和荷兰也开始探讨国际儿童诱拐案件中调解的适用。

在拉丁美洲，阿根廷中央机关向国际儿童诱拐纠纷的当事人提供调解，作为其解决纠纷的一种选择。巴西通过其中央机关人权秘书处（BCA），为国际诱拐儿童的当事人提供调解的机会，如果 BCA 的调解不成功，一旦启动诉讼程序，将由联邦法院法官推动调解的第二轮努力，调解程序可以在诉讼的任何阶段进行。其他国家如秘鲁、厄瓜多尔和巴拉圭也开始在国际诱拐儿童案件中尝试使用调解。

与公约缔约国对公约实施中适用调解的热情相应，近 10 年来，跨境家事纠纷的调解也因被海牙国际私法会议列为未来工作的议题之一而被广泛讨论。2001 年审查 1980 年《儿童诱拐公约》和 1996 年《关于父母责任和保护儿童措施的管辖权、法律适用、承认、执行和合作公约》（以下简称《儿童保护公约》）实施情况的特别委员会认为，中央机关“在可能和合适的情况下”，可以根据《公约》第 7 条“通过向当事人推荐提供适当调解服务的专家组织”以履行其职责。这是特别委员会第一次明确提及在公约实施中适用调解。2006 年，特别委员会第五次会议将调解议题提上日程，海牙国际私法会议常设局（以下简称常设局）为此次会议还专门准备了一份报告，倡议在国际儿童诱拐案件中使用调解。会议对“积极采用调解的缔约国”表示欢迎，邀请常设局“继续敦促各缔约国报告关于探视和诱拐的跨国纠纷调解的发展”。2008 年，常设局在总务和政策委员会的要求下开始为海牙《儿童诱拐公约》实施中适用调解建立行动指南进行研究，并最终于2012年正式发布《国际诱拐儿童民事方面的公约调解指南》(以下简称《调解指南》)。[1]

由于调解是作为海牙《儿童诱拐公约》实施的一种方式，公约体制的特殊性必然要求调解不同于普通的家事调解。在公约实施中适用调解必然面临诸多特别的挑战和要求，例如，如何使调解符合公约的限制性规定？如何确定调解的范围？如何确定调解协议内容的准据法问题？公约调解协议如何在相关的不同国家获得承认与执行？许多问题需要细致深入的讨论。从上述背景可知，海牙国际私法会议及儿童诱拐公约缔约国对调解国际儿童诱拐案件的探索，经历的时间并不长，研究尚处于初期阶段。有鉴于此，笔者认为系统研究海牙国际《儿童诱拐公约》实施中的调解问题，对于适用调解方式解决跨国诱拐儿童案件的理论和实践问题都具有重要意义。

二、文献综述

《儿童诱拐公约》实施中的调解问题属于国际私法或国际家庭法的研究领域。在大概十年之前，几乎找不到有关调解国际诱拐儿童案件的资料。直到2012年海牙国际私法会议出台《调解指南》的前后几年间，才有一些关于调解国际诱拐儿童案件方面的研究资料。

调解是《儿童诱拐公约》实施中一个全新的问题，尽管为公约缔约国及海牙国际私法会议关注和推动的时间并不长，但国外对《儿童诱拐公约》实施中调解问题的研究已经表现出较高的热情，尤其是欧美学者，围绕这一主题已经发表了一些论

[1] Hague Conference on Private International Law, “Guide to Good Practice Under the Hague Convention of 25 October 1980 on the Civil Aspects of Int'l Child Abduction”, Mediation (2012).

文和著作。在2012年调解指南出台之前，国外研究成果，或者侧重于对在儿童诱拐案件中适用调解的利益进行研究，并对适用调解的风险进行探讨。这类研究的特点是从一个概括的角度介绍调解在公约案件中的适用和分析调解适用的意义；[1]或者主要对调解儿童诱拐公约案件中的具体问题进行讨论，例如涉及家庭暴力的案件、听取儿童的意见、调解员的培训要求、技术手段的使用和调解中文化的差异等问题；[2]或者专门从特定国家的角度，对调解国际儿童诱拐案件的困难进行分析，指出建立相应调解机制的标准。[3]在2012年《调解指南》出台之后，国外研究成果主要是针对公约调解指南进行评述，以及对具体国家的公约调解进展情况进行描述，指出调解的复杂性和还需要深入研究的问题，例如调解员的培训、调解协议的承认

---

〔1〕 Radoslaw Pawlowski, "Alternative Dispute Resolution for Hague Convention Child Custody Disputes", 45 *Family Court Review* 302 (2007); Jennifer Zawid, "Practical and Ethical Implications of Mediating International Child Abduction Cases: A New Frontier for Mediators", 40 U. Miami Inter-Am. L. Rev. 2 (2008); Timothy L. Arcaro, "Creating a Legal Society in the Western Hemisphere to Support the Hague Convention on Civil Aspects of International Child Abduction", 40 U. Miami Inter-Am. L. Rev. 109 (2008); Melvin A. Rubin, "Introduction to the Symposium on Cross-border Family Mediation with an Emphasis on the 1980 Hague Convention on the Civil Aspects of International Child Abduction", 40 U. Miami Inter-Am. L. Rev. (2008).

〔2〕 Julia Alanen, "When Human Rights Conflict: Mediating International Parental Kidnapping Disputes Involving the Domestic Violence Defense", 40 U. Miami Inter-Am. L. Rev. 49 (2008); Linda D. Elrod, "Please Let Me Stay: Hearing the Voice of the Child in Hague Abduction Cases", 63 *Oklahoma Law Review* (2011); Melissa A. Kucinski, "Culture in International Parental Kidnapping Mediation", 9 *Pepperdine Dispute Resolution Law Journal* (2009); Melissa A. Kucinski, "The Pitfalls and Possibilities of Using Technology in Mediating Cross-Border Child Custody Cases", 2010 *Journal of Dispute Resolution* 297 (2010).

〔3〕 Melissa A. Kucinski, " Creating a Successful Structure to Mediate International Parental Child Abduction Sases", 26 *American Journal of Family Law* 2012.

和执行等。[1]

国外的研究成果中特别值得一提的，是海牙国际私法会议常设局前法律官员萨拉维格（Sarah Viger）教授所著的“Mediating International Child Abduction Cases—The Hague Convention”。这是目前为止唯一一部针对《儿童诱拐公约》实施中适用调解这一主题进行研究的专著。该著作主要围绕三个问题进行论述：（1）什么是公约调解（convention mediation）？（2）为什么调解公约案件？（3）调解程序怎样能符合公约的限制性规定？这本著作完成于2012年海牙常设局发布公约调解指南之前，也就是在国际范围内对《儿童诱拐公约》是否适用调解、如何适用调解等基础性问题尚存在争议的情况下完成的。因此，著作内容主要是对调解的适用存在争议的观点进行评述和分析，以及对公约调解制度设计的构想。2012年，海牙国际私法会议出台儿童诱拐公约调解指南，正式确立了公约实施中调解程序的适用，在此基础上，对调解问题展开研究的专著还没有。

截至目前，国内尚无对儿童诱拐公约实施中的调解问题进行研究的文章，仅有一些为数不多的专门研究《儿童诱拐公约》的论文和著作。这些研究成果主要是对公约的介绍和评述，并对我国加入公约的可行性进行分析。例如，胡斌所著的《海牙〈国际诱拐儿童民事方面的公约〉评析》，[2]吴用所著的《海牙

---

〔1〕 Nuria González Martín, “Mediation in Cases of International Child Abduction by One of the Parents and Voluntary Cross-border Agreements: The Mexican Case”, *Boletín Mexicano de Derecho Comparado, nueva serie, año XLVII, núm.* 141, *septiembre- diciembre de* 2014; Paula Shulman, “Brazil's Legacy of International Parental Child Abduction: Mediation Under the Hague Abduction Convention as a Solution”, 16 *Cardozo Journal of Conflict Resolution* 2014; Melissa A. Kucinski, “The Delicate Art of Mediating International Parental Child Abduction Cases”, 20 *Dispute Resolution Magazine* 2014.

〔2〕 胡斌：“海牙《国际诱拐儿童民事方面的公约评析》”，载《中国国际私法与比较法年刊》1998年创刊号。

〈国际诱拐儿童民事方面公约〉评介—兼论我国加入公约的可行性》[1]和汪金兰所著的《我国应尽快加入1980年海牙诱拐儿童公约》。[2]也有对儿童诱拐公约实施机制进行专门研究的文章，例如汪金兰所著的《1980年海牙〈国际诱拐儿童民事方面的公约〉及其实施机制评析》。[3]另外，在一些研究儿童权利保护的国际私法公约的著作中，我国学者对儿童诱拐公约也有涉及，内容主要也还是对公约进行介绍和评价。例如，吴用所著的《儿童监护国际私法问题研究》[4]和汪金兰所著的《儿童权利保护的国际私法公约及其实施机制研究——以海牙公约为例》。[5]

国内的研究成果中特别值得一提的，是杜焕芳所著的《国际诱拐儿童民事问题研究——〈海牙公约〉解释、实施与适用》[6]。这是国内第一部专门研究儿童诱拐公约的著作。该著作对国际诱拐儿童的现状、成因与影响作了社会学的统计分析，并对规制国际儿童诱拐的国内法律规范、双边条约和多边公约进行了梳理。针对海牙《公约》，该著作（1）进行了文本解读，从公约的序言到最后条款，以公约的目的为立论点，进行了比较全面综合的解释；（2）从宏观层面，对公约在英国、美国、德国、加拿大以及韩国、日本、新加坡等国家及中国香港地区的实施

〔1〕 吴用："海牙《国际诱拐儿童民事方面公约》评介——兼论我国加入公约的可行性"，载《中国青年政治学院学报》2013年第6期。

〔2〕 汪金兰："我国应尽快加入1980年海牙诱拐儿童公约"，载《中国国际私法学会2013年年会论文集（上卷）》，第150~153页。

〔3〕 汪金兰："1980年《海牙际诱拐儿童民事方面的公约》及其实施机制评析"，载《安徽大学法律评论》2008年第2期。

〔4〕 吴用：《儿童监护国际私法问题研究》，对外经济贸易大学出版社2009年版。

〔5〕 汪金兰：《儿童权利保护的国际私法公约及其实施机制研究——以海牙公约为例》，法律出版社2014年版。

〔6〕 杜焕芳：《国际诱拐儿童民事问题研究——〈海牙公约〉解释、实施与适用》，法律出版社2014年版。

情况，进行了介绍。内容包括公约实施概况、公约执行的一般态度、中央机关及其具体措施安排以及在一些国家司法实践中面临的难题；（3）对于公约的司法适用问题，该著作仔细分析了海牙公约中“监护权”的构成要件、确定依据、行使标准以及对监护权的承认与执行问题；专门分析了第 12 条第 2 款有关强制交还儿童的司法裁量问题；以美国最高法院为例，对公约的解释进行了探讨。最后，对海牙公约作了前景展望，并提出我国在适当时候加入公约的期望。

应当看到，对《儿童诱拐公约》的研究近年来在国内逐渐受到重视，这是可喜的现象。但总体来看，目前国内的研究成果大都还停留在对公约内容和履约机制的介绍和评价层面，深入性研究的文章几乎没有。对于《儿童诱拐公约》实施中的调解问题，我国国内的研究成果尚属空白。国外对此主题的研究也属于初期阶段，相关的专著和文章数量并不多。可见，《儿童诱拐公约》实施中的调解问题属于比较新的研究领域，尤其在 2012 年海牙国际私法会议发布公约调解指南之后到今天，国内外都没有对此主题进行综合性、系统性研究的专著。这为本书的写作提供了空间。

三、重要术语说明

公约案件（convention case），是指符合 1980 年海牙《国际诱拐儿童民事方面的公约》规定的案件。

公约诉讼（convention proceeding），是指 1980 年海牙《国际诱拐儿童民事方面的公约》的缔约国基于公约的授权，受理国际诱拐儿童纠纷当事人提起的交还儿童的诉讼申请，依据公约的规定就是否交还儿童作出裁决的诉讼程序。

公约调解（convention mediation），是指在 1980 年海牙《国

际诱拐儿童民事方面的公约》实施中，适用调解程序解决跨国诱拐儿童纠纷。公约调解是一种自愿的有组织的程序，由调解员为存在冲突的当事人之间进行沟通提供便利，使其负责为解决当事人之间的冲突找到方案。

调解协议（mediated agreements），是指国际诱拐儿童纠纷的当事人通过调解程序达成的一种协议解决方案。调解协议是一种自愿协议，可以避免启动公约诉讼程序，或者在公约诉讼程序开始后尽快终结诉讼。

诱拐方父母（taking parent），是指在国际诱拐儿童案件中，违反另一方父母对儿童享有的监护权，非法将儿童转移或滞留于儿童惯常居住地国家以外的一方父母。

留守方父母（left-behind parent），是指在国际诱拐儿童案件中，儿童被另一方父母诱拐而使其对儿童享有的监护权受到侵犯的一方父母。

第一章
公约调解的基础问题

跨国诱拐儿童是全球范围内比较严重的现象。诱拐儿童伤害的不仅是家庭成员特别是儿童的感情，而且是对相关国家法律尊严的践踏。如何避免和解决诱拐儿童问题，为世界各国所关注。跨国诱拐儿童案件的处理是极为复杂的。其中不仅涉及许多法律问题，还包含着父母双方的对抗与敌意等许多不良情绪，案件的处理同时具有紧急性和迫切性。作为专门解决儿童诱拐纠纷的国际法律文件，海牙《儿童诱拐公约》在其30多年的实施过程中，取得了良好的效果。长期以来，公约主要以诉讼程序作为解决跨国诱拐儿童案件的方式和手段，而近年来，海牙国际私法会议开始关注并推动在公约实施中适用调解程序解决跨国诱拐儿童案件。通过调解，跨国诱拐儿童案件的当事人，可能不必启动公约诉讼程序就能解决与儿童有关的争议，这无疑是公约实施中出现的一个新的动态。

第一节　公约调解的含义与类型

适用调解方式解决跨国诱拐儿童案件，是儿童诱拐公约实施中一个全新的问题。因而，关于这个问题的探讨，首先需要对相关的基本概念进行界定。同时，由于调解是作为海牙儿童诱拐公约实施的一种方式，必须考虑到公约缔约国的不同做法，认识其在具体适用中的不同模式。

一、公约调解的含义

（一）调解的概念

“调解”（mediation）一词经常出现在国内、国际解决纠纷和冲突的场合，其适用非常普遍。然而，关于调解，一直没有一个被广泛接受的确定的定义。为了包容全球范围内存在的第三方帮助解决纠纷的不同形式，有的学者使用非常宽泛的定义，将调解定义为“在第三方帮助下进行的协商”。[1]确实，调解的含义非常广泛，不同的语境下其意义是不相同的。即使是在家事调解这一特定的范围内，调解的概念也有广义与狭义之分。广义上的调解是指在第三方帮助下促成当事人达成协议的任何程序，狭义上的调解仅指具体的技术上的程序。[2]

尽管关于调解的定义，学者的认识存在差异，但调解作为一种重要的非诉讼纠纷解决（ADR）方式，其重要性是毋庸置疑的。非诉讼纠纷解决方式通常包括：调解、和解、协商和仲裁。明晰调解的概念，需要首先厘清调节与其他非诉讼纠纷解决方式的区别。

1. 调解与和解

和解（conciliation）是当事人之间通过弃权、处置或交易的方式达成妥协，终止即将发生的诉讼或防止未来诉讼的争议解决机制。[3]它不仅解决诉讼，其本身也起到预防诉讼的作用。

---

〔1〕 Harold Abramson, “Selecting Mediators and Representing Clients in Cross-Cultural Disputes”, 7 Cardozo J. Conflict Resol., 261 (2006).

〔2〕 Sarah Vigers, *Mediating International Child Abduction Cases: The Hague Convention*, Hart Publishing, UK, 2011, p. 11.

〔3〕 González Martín, Nuria “Mediation in Cases of International Child Abduction by One of the Parents and Voluntary Cross Border Agreements: the Mexican Case”, 141 *Boletín Mexicano de Derecho Comparado*, 881 (2014).

在和解程序中，争议之外的第三方通常发挥着积极的作用，包括拉近当事人的距离，提出双方都同意的具体的替代性方案以解决他们之间存在的矛盾。和解机制对充当第三方的和解员的要求较高，他不仅要在当事人之间进行调解，还有责任为当事人提出解决纠纷的具体方案。

调解与和解有时用作同义，这极有可能引起混淆。总的来说，和解通常比调解在程序上具有更强的指令性（directive）特征。在和解程序中，中立的第三方在帮助当事人达成纠纷的协议解决方案中发挥积极的和指令性的作用。然而，在调解程序中，调解员的作用可以是积极的、主动的，却不会是指令性的。调解员不能为当事人做任何决定，其作用仅仅在于帮助当事人进行沟通，最终让当事人能自己为解决他们之间的冲突找到解决方案。相反，和解中的调停人则可以向当事人直接提出具体的解决方案。这是两者最主要的区别之处。

2. 调解与协商

协商（negotiation）包括正式协商与非正式协商。前者一般出现在法院程序中。实践中，许多家事纠纷的解决会求助于法院。通过诉讼程序，最终家事纠纷的解决可能是借助法院的正式裁决，也可能是借助法院未作出正式裁决的协商解决方案。诉讼程序中的协商通常由法官或律师引导完成。依据《儿童诱拐公约》提起的公约案件也通常如此。在公约诉讼过程中，纠纷当事人在法官的引导下进行协商，协商的结果法院制成同意令（consent order）。在1999年进行的公约案件调查中，没有将这类同意令看作是纠纷当事人通过调解实现自己权利的结果，而是将其纳入法院裁决的返还令的范围。而在2003年进行的案件调查中，则把同意令计入独立于法院裁决的结果。从全球来看，9%的公约诉讼最终是以同意令的形式解决的。非正式协商涉及第三方的帮助，其不必经过特别的培训，也不必遵循一个认定的程序。这种方式甚至会把当事人一方排除在外，而由第三方争取劝说另一方当事人改变他的立场。这与公约实施中许多国家寻求自愿返还或友好解决的方式是类似的。通常，负责实施《公约》的中央机关会给诱拐者写信或者组织与其会面。中央机关向诱拐者解释公约的规定，努力劝说其返还儿童。这些信件或会面对于解决公约案件非常重要，很多时候会促成诱拐者自愿返还儿童。

与协商不同的是，调解涉及的第三方，通常要求受过专门训练，并适用规定的程序和方法帮助当事人自行解决他们之间的争议。调解一般是短期的，它着眼于对具体的、确定的事项的解决，帮助当事人达成切实可行的决议，并使协议具体化。因此在这方面，调解也不同于一般而言用时较长的、没有确定程序的协商。

3. 调解与仲裁

仲裁（arbitration），是指当事人通过仲裁协议，将纠纷交由仲裁机构或选择仲裁员进行裁决。仲裁员作为中立的第三方，通过类似司法程序的方式，对当事人的纠纷作出裁决以解决争议。仲裁裁决具有一裁终局性，即对于仲裁的裁决结果，当事人必须同意且履行仲裁裁决。

调解虽然也适用专门的程序，但与仲裁的准司法程序不同。调解程序具有非对抗性，程序灵活且方式方法多样。这是调解区别于仲裁的主要方面。另外，调解旨在制订当事人之间自行达成的协议解决方案，而仲裁程序并不是专门为了达成一个双方协定的结果。

综上可见，调解虽然与和解、协商和仲裁等都是在解决纠纷方面法律诉讼方式的替代性方式，但却在具体程序上存在着明显的区别。

（二）公约调解的含义

涉及调解的国际公约一般都不对调解下定义，这主要是因为在公约申请的范畴内，任何调解程序都会发生在相关缔约国的国内体系中，因而将此归于那个国家的立法规定。在国际层面，家事调解领域起草的第一部法律文书是1998年欧洲委员会关于家事调解的建议案。〔1〕虽然文书本身未对调解作出正式的定义，但是针对该文本的解释备忘录〔2〕对调解的含义作出了规定："调解，是指由对争议没有既定利益的第三方，为了帮助纠纷当事人解决他们的困难和达成协议，在他们之间协助讨论的过程。……调解员没有权力为当事人施加解决方案，而是应当保持中立和公正。调解员的作用是帮助当事人在一起协商和达成他们自己的共同协议"。与该定义相类似，在2012年常设局发布的公约调解指南中，将调解定义为："一种自愿性有组织的程序，由调解员为存在冲突的当事人之间进行沟通提供便利，使他们负责为解决他们之间的冲突找到方案"。

关于在儿童诱拐公约实施中适用调解程序，海牙国际私法会议常设局前法律官员萨拉维格（Sarah Vigers）教授使用"Convention Mediation"一词对此进行描述。鉴于维格教授在推动调解跨国诱拐儿童案件领域作出的重要贡献，〔3〕本书采用维格教授提

〔1〕 The Committee of Ministers, "Recommendation No. R (98) 1 of the Committee of Ministers to Member States on Family Mediation", 21 January (1998).

〔2〕 Council of Europe Memorandum, "Explanatory Memorandum to Recommendation No. R (98) 1 of the Committee of Ministers to Member States on Family Mediation", Memorandum [16].

〔3〕 2006年10月，海牙国际私法会议常设局发布 Sarah Vigers 教授所做的儿童诱拐公约实施中有关调解问题的报告，提交审查儿童诱拐公约实施情况的特别委员会进行讨论。2012年海牙常设局发布的公约调解指南中亦提到了 Sarah Vigers 教授所作出的努力。

出的“公约调解”的术语以方便论述。公约调解就是指在国际公约实施中适用调解的方式解决公约案件，本书专指在1980年海牙《儿童诱拐公约》实施中，在公约规定的框架下适用调解程序解决跨国诱拐儿童纠纷。

二、公约调解的类型

根据公约缔约国在实施儿童诱拐公约中具体组织适用调解方式的不同，以及适用阶段的差异，可以将公约调解分为单边调解与双边调解，诉讼前调解与诉讼阶段调解。

（一）单边调解与双边调解

根据调解程序是由一个国家组织，还是由两个国家一起组织，可以将公约调解区分为单边调解和双边调解。由一个国家组织调解程序的公约调解称为单边调解（single-state mediation）。单边调解类型下，被请求国确立某些调解方案作为该国处理儿童诱拐公约申请程序的一个部分，并在具体的儿童诱拐案件中予以实施，调解程序中使用的也是该国的调解员。例如英格兰和威尔士的国际诱拐儿童Reunite试验项目，就是典型的单边调解。单边调解模式下，被请求国针对某一跨国诱拐儿童案件，自行组织实施具体的调解程序。关于开展调解的地点，则是没有任何限制的。留守方父母可以到该国去参加调解，也可以通过视频或电话会议或者使用互联网参与调解。另外，调解员也可以到留守方父母所在的国家去进行调解，或者调解员与父母双方都待在被请求国进行调解。

双边调解（bi-national mediation）是指由两个国家一起组织调解与其相关的跨国诱拐儿童案件。双边调解类型下，来自两个国家的调解员一起工作，共同调解一个具体的公约案件。例如德国与法国之间建立的调解项目举措，就是典型的双边调解。

双边调解尽管涉及来自两个不同国家的调解员，但是调解员可以和所有的当事人在一个国家或地方开展调解。或者，调解员分别和父母一方处于同一国家，通过视频、电话或网络设施在两个国家同时开展调解。在《儿童诱拐公约》处理程序范围内，双边调解试图被建立在国家对国家的基础上，即由两个国家一起设计出具体的调解方案并各自提供调解员。应当注意到，双边调解计划不是普遍地适用于任何海牙公约申请，只有在跨国诱拐儿童案件涉及这两个相关的国家的情况下，双边调解才是可用的。

一些国家参与的公约调解既有单边调解，也有双边调解。例如，在法国，在跨国诱拐儿童领域组织开展调解的组织是法国国际家事调解协会（MAMIF）。在有关跨境诱拐儿童的公约案件中，MAMIF 既自行组织单边调解，此时由 MAMIF 的调解员一起进行调解；也参加双边调解，此时由来自 MAMIF 的调解员和来自另一个国家的调解员一起进行调解。在法国，双边调解尤其被运用在涉及美洲人和亚洲人的案件中。

（二）诉讼前调解与诉讼阶段调解

根据调解程序发生的阶段，即是在公约诉讼之前还是在进入公约诉讼之后开展调解，可以将公约调解区分为诉讼前调解和诉讼阶段的调解。

针对国际诱拐儿童案件，一些国家的中央机关在接到公约申请后，就自行提供调解或者使用当地的调解组织为当事人提供调解服务。《儿童诱拐公约》要求中央机关促成自愿交还或者是设法友好解决返还儿童的问题，提供调解可以被认为是中央机关履行公约义务的一种方式。例如，在巴西，其中央机关人权秘书处（BCA）在接到要求返还儿童的公约申请后，首先会向诱拐方父母发出一份通告，提醒他们在提起司法诉讼之前可以通过人权秘书处参加调解。在公约诉讼之前，由中央机关组织实施调解的利益是多方面的。如果通过调解达成友好解决方案，当事人就可以避开法院系统的干预，避免繁杂的司法诉讼程序。这种方式不仅节约时间，也节省费用。然而，在此阶段达成的任何调解协议可能都需要拿到法院转化成为有法律拘束力的同意令，那个时候，父母亲仍然能够从其法律陈述中受益，对作出的任何调解协议予以纠正或提出建议。

公约调解还能在进入公约诉讼之后启动。在一些国家，法院能为国际诱拐儿童案件中的父母双方提供调解，调解由法官或是其他的人员组织开展。例如，根据英国国际诱拐儿童 Reunite 试点项目，调解只能在法院诉讼程序开始后进行。在此阶段，由于所有的方面均处于法院程序的控制之下，因而能确保儿童以及当事人处于安全的状态。当调解程序开始后，公约诉讼程序会暂停一段时间。如果通过调解程序，父母双方不能达成协议，公约案件将重新回到法院启动审理程序。在法院程序背景下开展调解的优势也很明显。根据案件的具体情形，法院在需要的情况下能及时作出必要的保护令，保护当事人的人身安全。更为重要的是，在此阶段父母亲双方已经作了法律陈述，一旦公约调解不成功，案件可以在很短的时间内重回法院审理，因而不会造成时间上的延误。另外，在公约调解程序与法院有关的情况下，可用于支持公约诉讼的资金也可以适用于调解。

在公约诉讼阶段进行的调解，根据其与法院之间有无直接联系，又可分为两种类型。第一，公约调解以法院为基础或附属于法院（court based or annexed mediation）。这种类型下，调解服务或者由为法院工作的调解员提供，或者由接受过调解员培训的法官提供，当然他不能是这个案子的审理法官。一些国家已经为民事纠纷包括家事纠纷建立起这种类型的调解模式。

例如，在阿根廷，多数民事案件的审理中都要求对当事人进行调解，除非存在法律规定的某些例外事项例如监护。在墨西哥，联邦高等法院的替代性纠纷解决中心（ADRC）专门开展调解。中心负责组织实施调解，并对调解过程进行管理，包括任命调解员。另外，德国有几个地区也已经在民事诉讼领域开展了附属于法院的调解工作。然而，应当注意的是，尽管这些国家建立了以法院为基础或附属于法院的调解模式，但调解只适用于国内案件，并不涉及有国际联系的争议。因此，这些国家既存的法院调解机制如果要适用于国际诱拐儿童案件，还需要符合公约调解指南规定的主要标准。第二，法院外的调解（out of court mediation）。在这种方式下，公约调解服务由与法院没有直接联系的调解员或调解组织实施。目前，许多专门为海牙国际诱拐儿童案件创立调解机制的国家都是采用这种类型。例如，在英格兰和威尔士，适用于国际诱拐儿童案件的调解服务由非政府组织 Reunite 国际诱拐儿童中心专门提供。在德国，德国联邦家事调解委员会（BAFM）和调解协会（BM）共同成立了一个非营利性组织 MiKK，专门调解国际诱拐儿童案件。在荷兰，国际儿童中心（IKO）通过其调解局为海牙诱拐儿童案件提供专门的调解服务。

上述可知，不同缔约国组织开展调解的方式不同，在调解程序的具体安排上也存在差异，造成《儿童诱拐公约》实施中调解类型的多样化。这些不同类型的调解模式并存，共同推动着公约调解在全球范围内的发展。

第二节　公约调解的法律依据

很大程度上，调解的成功依赖于支持它的法律体系的明确性与有效性。如果缺乏支持调解的法律规定和程序，将使公约调解不具有稳定性，甚至面临被滥用的风险。因此，为了使公约调解能顺利和有效地开展，首先确保存在充分的支持公约调解的法律依据，就显得尤为重要。

一、儿童诱拐公约及其调解指南

尽管海牙《国际诱拐儿童民事方面的公约》条文本身并未提及调解，但是其强调对国际诱拐儿童案件的“自愿交还”(voluntary return）和“友好解决”(amicable resolution)。《公约》第7条规定：“各国中央机关应采取各种直接或间接的适当措施，确保自愿交还该儿童或设法友好解决该问题。”第10条规定：“如儿童位于某一缔约国，该缔约国中央机关应采取或设法采取各种适当措施，以促成自愿交还该儿童的目的。”从公约的全部规定来看，寻求自愿交还或者友好解决是公约唯一采用两个独立的条文对中央机关的责任进行重复规定的内容。这无疑反映出公约起草者对这种解决方式的重视和对缔约国不必经过法院解决公约案件的期望。

然而，在执行海牙诱拐公约之初，许多缔约国都侧重于采用法院程序解决返还儿童的公约申请，国际范围内关于推进《儿童诱拐公约》实施的讨论也都侧重在强调如何完善司法机制方面。[1]至于公约规定的友好、自愿解决方式，缔约国主要是在不属于公约调整范围内的儿童诱拐案件中作出努力。因此，在相当长的一段时间内，协商解决方式在某种程度上被看作是解决国际诱拐儿童案件的最后方案。

---

〔1〕 The Hague Conference, “Conclusions and Recommendations of the Five Meetings of the Special Commission to Review the Operation of the Hague Convention of 25 October 1980 on the Civil Aspects of International Child Abduction”.

随着许多公约缔约国在国内家事法领域对协商解决方式的重视，国际范围内对协商解决公约案件的态度也悄然发生了改变。2001 年，审查《儿童诱拐公约》实施情况的第四次特别委员会会议指出，在可能的情况下，缔约国应当鼓励自愿交还儿童。并且建议中央机关在实践中应当寻求取得自愿交还儿童的效果，正如《公约》第 7 条 C 项所期望的。[1]同时，会议认为中央机关在可能和合适的情况下，可以通过向当事人推荐提供调解服务的专门组织以履行《公约》第 7 条赋予其的职责。这是特别委员会第一次明确提及在公约实施中使用调解方式解决儿童诱拐案件。在 2006 年召开的特别委员会会议上，海牙常设局提交了一份倡议在国际儿童诱拐案件中使用调解的报告，在公约实施中适用调解的议题被会议提上日程。会议对积极采用调解方式实施公约的国家表示欢迎，邀请常设局继续敦促各缔约国就本国关于在探视和诱拐方面的跨国纠纷中适用调解的情况提供报告。2008 年，在海牙总务和政策委员会的要求下，常设局为在儿童诱拐公约实施中适用调解建立行动指南开始进行研究，并最终于 2012 年正式发布公约调解指南。《调解指南》的面世，为在《儿童诱拐公约》实施中适用调解程序解决公约案件，提供了全面的指导。

可见，关于适用调解程序解决国际诱拐儿童案件，可以从《儿童诱拐公约》条文本身找到相应的依据。为了指导缔约国更好地实施儿童诱拐公约，海牙国际私法会议常设局又专门颁布公约调解指南，更加明确了公约对调解程序的认可和支持。

---

〔1〕 The Hague Conference, "Conclusions and Recommendations of the Fourth Meeting of the Special Commission to Review the Operation of the Hague Convention of 25 October 1980 on the Civil Aspects of International Child Abduction", March (2001).

二、国内或区域性法律

除了公约自身建立的规则以及海牙会议为执行公约建立的调解行动指南，缔约国也必须确保它们处理公约申请的国内法律对于适用调解是充分支持的，即存在规范公约实施和调解程序的国内法规则和程序。当然，不同国家的立法在多大程度上对公约调解表示支持是不同的。特定国家对公约调解的支持程度，可能受到其对国内家事调解的看法以及调解在该国地位的影响。有些国家历来非常重视调解，在国内纠纷解决方面使用调解的历史很长，例如我国和日本。然而我国尚未加入儿童诱拐公约，日本也是刚刚加入该公约。而有些国家对家事调解相对是陌生的，特别是中欧和东欧一些国家，例如俄罗斯。这些国家多数加入了《儿童诱拐公约》，尽管缺乏调解的传统，但是还是有一些适用家事调解的司法实践活动。另外，欧盟调解法令也会对这些欧盟成员国国家适用调解起到重要的促进作用。还有一些国家和地区，在传统上属于偏好诉讼的国家，总是仅仅依靠法院解决家庭纠纷，例如美洲、西欧、澳大利亚和新西兰。直到20世纪70年代末，现代家事调解运动掀起浪潮，[1]调解被看作是解决快速增长的离婚率和法院大量积压的工作的灵丹妙药，这些国家和地区才开始越来越重视调解的适用。

在联邦和地区范围内，也有一些关于家事领域的跨境调解的规定，例如美国统一调解法案和欧洲调解法令。2001年，美

---

〔1〕 现代家事调解运动据说发端于1976年的庞德会议（Pond Conference），从那个时候开始，调解突破长达世纪之久的集体谈判模式，成为纠纷解决程序中不可缺少的部分，越来越多地在法院、公共机构、社区纠纷解决项目和商业团体中，以及私人纠纷的解决中适用。Kimberlee K. Kovach，“Musings on Ideals in the Ethical Regulation of Mediators：Honesty，Enforcement and Education”，21 Ohio St. J. on Disp. Resol.，123（2005）.

国统一州法律的国家委员会议发布统一调解法案（UMA），作为鼓励有效适用调解的示范法，并在美国几个州得以实施。2005年，美国仲裁协会、美国律师协会的争议解决部门和冲突解决协会通过了“调解员行为示范标准”，修订了1994年制定的标准。示范标准旨在规范调解员，同时也起到了告知当事人调解程序以及加强公众对调解的信任的作用。1998年，欧洲委员会通过家事调解建议案No. R（98），鼓励欧盟国家引入和推动家事调解，或者加强既有的家事调解制度，同时要求遵循建议案中的原则以确保调解的质量和保护当事人的利益。这些原则针对的不仅是国内家事调解，也包括国际家事调解。2002年，欧洲委员会再次通过民事调解建议案Rec（2002）10。该建议案中，调解适用的范围更为广泛，原则也更为细致。2004年，在欧洲委员会的支持下，一群利益相关者发布了“欧洲调解员行为准则”，为进行民商事调解的私人调解员建立起许多规则。2008年，欧洲议会和欧盟理事会发布民商事调解方面的欧洲指令。根据该指令的第12条规定，欧盟成员国应当在2011年5月21日之前制定遵守该指令规定的必要的法律、法规和行政规定。这些国家与地区建立的有关调解的规定、准则或标准，为在这些管辖范围内适用调解提供了法律支持。

除了国家和地区建立的有关调解的规则和程序外，还有一些专门为解决跨境诱拐儿童案件订立的双边协议，也为推动这些纠纷的友好解决提供了法律依据。例如，德国与法国、美国等国家建立的双边合作调解机制。

综上所述，对于海牙诱拐公约调整下的跨国诱拐儿童案件，支持适用调解程序的法律规定是非常广泛的。既包括公约自身的规定以及为实施公约建立的调解行动指南，还包括缔约国指导公约实施和调解程序的国内法规则和程序，以及缔约国之间为此建立的双边协议。除此之外，还有针对包括诱拐儿童在内的跨境家事纠纷调解的区域性公约。所有这些法律文件都为公约调解提供了法律依据。因而，《儿童诱拐公约》实施中适用调解程序，具有充分的法律基础。

第三节　公约调解的地位

海牙《儿童诱拐公约》针对跨国诱拐儿童案件建立了专门的公约申请处理机制，在其生效后的30多年间，许许多多的公约缔约国适用司法程序处理返还儿童的公约申请，取得了比较有效的运行成果。如今，要在公约实施中引入调解程序处理公约案件，无疑会引发诸多方面的疑问。例如，公约调解是不是公约申请处理机制之外的救济方式？如何界定调解在公约申请处理机制中的地位？对于运行许久的公约诉讼方式，新近发展的公约调解会不会对其造成不利性影响？公约调解与公约诉讼究竟是怎样的关系？对这些问题的分析与回答，可以正确认识调解程序在公约申请处理机制中的定位，有助于公约调解程序的有效开展。

一、调解是正式的公约申请处理方式

在《儿童诱拐公约》实施中运用调解程序解决跨国诱拐儿童案件，有其充分的法律依据。公约敦促缔约国相互合作，采取各种措施和办法以迅速地解决国际诱拐儿童纠纷。《公约》第2条规定："缔约国应采取一切恰当措施确保在其领土范围内本公约目的的执行"。为此目的，缔约国应采取可行的最迅速的程序。尽管公约明确地规定了快速裁决，实践中公约诉讼可能拖延数月甚至几年，而运用调解程序通常能迅速地在数天或数周

内就作出决定。此外，根据《公约》第7条和第10条的规定，公约敦促缔约国负责实施公约的中央机关，应采取或设法采取各种适当措施，确保自愿交还儿童或设法友好解决诱拐儿童的问题。而调解正是促成友好解决诱拐儿童纠纷的重要方式。因此，调解不是公约申请处理机制之外的救济方式，而是公约认可的一种处理公约申请的方式。

把调解看作是处理公约申请机制中的一种方式具有多方面的积极作用。[1]其一，这样能确保调解是实施公约的一种方式，而不会认为是逃避适用公约的方法。其二，某些重要的问题就能在公约广泛的处理机制范围内被解决，而不是仅作为调解程序自身的一个因素。例如，关于调解时间的安排。其三，调解程序能从为公约申请建立的任何有利的体制中获益。例如，调解可以纳入海牙公约诉讼程序的范围。如果要求当事人仅能在提起公约诉讼之前进行调解，可能会造成儿童诱拐公约规定的"一年期间"和"儿童定居"的返还例外条款的适用。其四，把调解定位为公约申请更广泛的处理程序，意味着调解程序的开展是基于《儿童诱拐公约》的法律框架进行的。调解过程中当事人不能凭空协商，而是要依据公约规定进行谈判。

缔约国在实施《儿童诱拐公约》过程中，既可以采用公约诉讼的方式，亦可以适用公约调解的方式。二者都是正式的处理要求返还儿童的公约申请的程序。调解程序既可以独立于公约诉讼之外单独适用，也可以纳入公约诉讼的范围，即在诉讼程序中予以适用。应当注意的是，尽管承认调解是正式的公约处理方式，但调解并不等同于公约诉讼。在《儿童诱拐公约》实施中，鼓励更多地适用调解程序，并不意味着要取代法院在

---

〔1〕 Sarah Vigers, *Mediating International Child Abduction Cases-the Hague Convention*. Hart Publishing, Oxford and Portland Press, 2011, p. 25.

公约实施中的重要和必要的地位。

二、调解是对公约诉讼程序的补充

在海牙《儿童诱拐公约》实施中适用调解，不应当将其看作是对公约司法程序的伤害。尽管调解作为一种非诉讼纠纷解决方式，在跨国诱拐儿童案件的处理中构成对诉讼程序的替代，但不应当将其看作是对海牙司法程序的完全代替。事实上，在公约案件的处理中，调解与公约诉讼程序的联系非常紧密，构成对公约诉讼程序的一种有益的补充。

（一）调解与司法程序联系紧密

调解与司法程序的紧密联系，体现在很多方面。

第一，法院程序的存在能帮助确保调解是自愿性的。缔约国在向跨国诱拐儿童纠纷的当事人提供调解信息或服务时，需要告知他们调解并不是他们唯一的选择，当事人也可以直接采取司法程序。相关机关在向父母亲提供调解信息时，应当将有关调解程序和诉讼程序的信息一并告知当事人，以便当事人能对采取哪种救济途径作出知情决定。应当强调，调解程序必须是作为公约庭审的自愿的替代性程序向当事人提供。如果当事人选择调解程序，并不会对其司法诉讼权利产生任何影响，即不会造成对当事人各自向法院提交申请和抗辩等法定权利的否定。明确这一点对于当事人正确认识公约调解是非常重要的。当事人不会把调解看作是对其求助法律程序的削弱，或者是对公约或其他相关法律体系赋予其的权利的削弱。换句话说，调解的适用不会削弱当事人求助法律程序的权利，或造成阻止当事人寻求法院令的结果。另外，特别需要明确的是，当事人参加调解不构成公约规定的返还例外条款中的“默认”。如果当事人不能理解或者不熟悉调解程序，在选择是否适用调解时就会更加犹疑，这可能会造成当事人本来可以从调解中真实受益，却最终失去调解机会的遗憾后果。

有关调解方面的信息，缔约国应当向父母亲充分地予以提供和说明，并且应当向当事人强调调解的自愿性，告知当事人可以选择不参加调解而直接启动诉讼程序，也可以在调解过程中的任何阶段提出终止调解，而诉诸法律程序。关于信息的提供主体，可以是负责公约实施的中央机关，或者是缔约国指定的专门机构，例如国际家事调解中央联络处等。同时，在调解信息的获取方面，调解员和当事人的法律代表之间的密切合作，对于当事人也是非常有帮助的。

第二，诉讼程序为当事人之间顺利进行调解提供帮助。在一些国家，受理公约申请的法院可能会根据案件的具体情况，作出采取保障措施的初步裁定，例如没收诱拐者的护照以防止其再一次转移儿童。法院通常还可能设置时间期限以确保采取快速返还儿童的行动。这样的司法裁定对调解程序通常是有帮助的，一方面可以保障儿童的安全，确保调解的顺利开展；另一方面法院规定达成协议的最后期限，可以确保调解迅速和有效率地开展，避免造成公约程序在时间上的延误。关于这个方面，英国 Reunite 调解机制体现得非常明显。在 Reunite 调解项目下，调解只有在提出返还申请和经由法院作出初步裁决的情况下才能着手进行，法院会采取保障措施以确保儿童不会再被转移到另一个国家或被藏匿起来。

第三，在当事人通过调解程序不能达成协议的情况下，可以通过法院程序解决争议。从这个意义上说，公约诉讼程序是解决跨国诱拐儿童案件的最后一个路径。实践中还存在一种情况。某些诱拐儿童案件，根据其具体情况，可能本身就不适合运用调解方式解决，例如存在严重的家庭暴力、吸毒等情形。

这种情况下案件只能依靠法院通过诉讼程序予以裁决。尽管公约诉讼是跨国诱拐儿童案件终极的救济途径，但是应当注意，在当事人通过调解程序达成协议的情况下，不允许当事人就达成的协议食言，再行启动公约诉讼程序。因为调解是法院程序的替代性解决方案，是正式的公约申请处理方式。在调解程序开始之前，当事人就需要确保如果他们达成并正式确定一份调解协议，他们将能根据协议条款采取行动。

第四，即使在公约诉讼之前启动调解程序，虽然能避免进行公约诉讼，但是通过调解达成的协议解决方案通常也需要借助司法程序，使其在所有相关的法域具有法律拘束力和执行力。跨国诱拐儿童属于国际家事纠纷领域，涉及不同的国家，确保调解协议在所有相关的管辖区域具有法律效力尤其重要。在这方面，需要借助于司法程序。法院采取适当的程序，可以是法院批准、法院登记备案或者其他方式，赋予调解协议法律效力以及确保其具有执行力。

（二）调解弥补公约诉讼的缺陷

如上文所述，从《儿童诱拐公约》的实施情况来看，适用公约诉讼程序解决跨国诱拐儿童问题，在司法实践中存在着一些缺陷。而运用调解方式能有效地弥补这些缺陷，推动公约的顺利实施。本书第二章将对此作详细的论述，故此处暂且不提。

总之，公约调解并不是公约申请处理机制之外的救济方式，而是公约申请处理机制认可的一种方式。对于运行许久的公约诉讼方式，新近发展的公约调解不仅不会对其造成不利性的影响，反而构成对公约诉讼程序的一种有益的补充。公约调解与公约诉讼的关系非常密切，二者共同推动着《儿童诱拐公约》的顺利实施。

第二章
公约调解的优势与挑战

《儿童诱拐公约》专门针对国际诱拐儿童事项进行规范，在国际范围内取得了良好的效果。但是，正如上文所述，以诉讼程序解决跨国诱拐儿童纠纷的公约运行机制，在实施中存在许多问题，严重制约了公约的良好运作。在《儿童诱拐公约》实施中，引入公约调解程序化解纠纷，可以克服公约诉讼的诸多缺陷。但是同时，应当注意到，由于跨国诱拐儿童案件的复杂性，公约调解本身在适用上存在局限性，在适用时也面临着巨大的挑战。而这些问题是在适用公约调解之前，必须重点考察和认识的方面，便于在适用公约调解时有针对性地采取相应措施。

第一节　公约调解的优势

一、公约调解与公约诉讼的比较

在《儿童诱拐公约》实施过程中，运用调解程序解决国际诱拐儿童案件，相较于诉讼程序，存在特有的诸多优势。

（一）调解的过程比较友好

通常，国际诱拐儿童案件中父母双方所要承受的压力都非常巨大。作为留守一方的父母，突然失去孩子，在震惊之余一般都会担心永远也见不到孩子；而作为诱拐一方的父母，一旦意识到他的行为在法律上可能带来的后果，会担心法律程序作出强制其返还儿童的裁决，或者是担心对以后争取儿童监护权的诉讼产生不利影响。另外，在诱拐儿童事件发生之前，通常父母亲之间的关系就已经出现了问题，加之诱拐行为的发生，父母亲之间的关系会变得更为紧张和敏感。

由于诉讼程序本身具有的对抗性，公约诉讼往往导致父母亲关系的进一步恶化。紧张的关系很有可能引发父母双方对儿童的多次诱拐，例如 d'Assignies v. Escalante〔1〕案。这个案子涉及一对未婚父母，居住在美国加利福尼亚州时孩子们出生。母亲在加州获得对儿童的监护权。之后父母亲移居到法国，孩子们多数时间跟父亲生活在一起。后来母亲打算带着儿童离开法国，父亲于是就把儿童带走并藏起来不让母亲找到。在此期间，父亲在法国提起诉讼要求建立他对孩子们的父母责任。在作出判决之前，法国法院作了一个安排，母亲在法国获得对儿童的临时监护权并且命令其不许离开法国。然而，母亲欺骗法院孩子们的法国护照丢了，之后就带着孩子们离开法国去了美国加州。父亲于是赶到美国要求返还儿童。在加州诉讼期间，父亲被赋予探视儿童的权利。在探视期间，父亲又背着母亲把儿童带回了法国。最终，加利福尼亚州法院裁决不予返还儿童，同时请求法国和美国的中央机关把儿童交还到美国。类似这个案件的情况在国际诱拐儿童案件中并不少见。父母亲为了争夺孩子经常进行拉锯战，造成孩子被双方多次诱拐的情况。导致儿童成为这场父母争夺战中最大的受害者。

相较之下，调解程序则不具有任何对抗性。调解是在一种非正式的解决纠纷的气氛下，为当事人之间的沟通与对话提供便利，缓解彼此之间的对立和冲突，帮助当事人重新建立信任，

---

〔1〕 No. BD 051876（Cal. Super. Ct.，L. A. Cty.，Dec. 9，1991）.

改善父母亲双方的关系。根据联合国《儿童权利公约》的规定，儿童享有和父母双方持续性的亲权关系和直接联系的权利。因此，即使婚姻关系解体，作为儿童的父母亲，未来也需要为了儿童而彼此合作。因而，采用非对抗性的调解方式对当事人关系的维护和对儿童利益的保护，是非常有利的。

调解程序充分尊重当事人自己的意见，让父母亲对如何安排孩子的居住地，以及怎样解决与此相关的冲突等问题提出他们自己的方案。调解程序促成父母亲关于监护权和探视事项的自愿协议，帮助当事人为面对将来可能发生的任何冲突建立友好协商的对话机制，可以有效防止再次诱拐的发生。

另外，调解过程的友好性，使调解员能够帮助父母亲认识彼此之间可能存在的认知差异，从而有助于父母亲之间加强理解和包容。在此基础上，跨国诱拐儿童案件可能引发的一系列刑事、民事和经济惩罚，都有可能通过调解予以避免或解决。

（二）调解的程序比较灵活

公约诉讼涉及启动法院程序，法院程序通常比较严格且古板，这也是由司法的特性决定的。例如诉讼中当事人的法律地位具有明确性，某些对跨国诱拐儿童案件具有重要影响的第三人，例如儿童的祖父母或外祖父母，通常因为不具有法律地位而不能参与诉讼。此外，关于公约是否为保护探视权提供司法救济，公约条文在语言表述上存在含糊性，[1]这就造成不同缔约

---

〔1〕 有关侵犯探视权的救济措施体现在《公约》第 7 条和第 21 条的规定中。根据第 7 条的规定，各缔约国中央机关应相互合作并促进其各自国内主管机关的合作，以确保交还儿童和实现本公约的其他目的。特别是，各国中央机关应采取各种直接或间接的适当措施，并在必要时作出安排以组织或保证探视权的有效行使。《公约》第 21 条规定："请求作出安排或组织或确保探视权得到有效行使的申请，可依照与申请交还儿童相同的方式，递交缔约国中央机关。中央机关应依第 7 条规定的合作义务，促进和平行使探视权，并提供行使该权利所必需的所有条件。中央机关

国在执行保护公约探视权的程序上存在着争议。许多法律专家和评论员认为，公约规定的保护探视权的主体是中央机关而不是司法机关。因此，儿童被诱拐到外国，海牙公约未能对不享有监护权的父母提供充分的保护。[1]总之，关于针对保护探视权提起的公约诉讼，缔约国法院是否具有管辖权还处在争议中，至今尚未形成定论。

公约调解虽然也是具有组织性的，但是其程序非常灵活，很容易适应个案的不同需要。跨国诱拐儿童案件进入调解的门槛通常低于法院诉讼的门槛。在父母亲之间的冲突扩大之前的早期阶段，调解就可以进行，并且通常对化解纠纷都是很有帮助的。调解过程中允许当事人同时讨论法律和法律之外的事项，甚至在案件中可能不具有法律地位的第三方都可以参与调解程序。[2]如果调解成功，能使当事人避免繁杂的法院程序。

由于程序的灵活性，调解程序通常比诉讼程序快捷，也就是说，用时少。尽管《儿童诱拐公约》明确地规定了快速裁决，但是实践中公约诉讼可能拖延数月甚至几年，反之调解通常能在数天或数周内迅速地作出决定。[3]

（接上页）应采取步骤，尽可能消除所有阻挠行使该权利的障碍。中央机关可通过直接或间接的方式，适用司法或行政程序或为之提供便利，以组织或保护该权利，并确保对行使该权利所必需的条件的尊重。”

〔1〕 Sara J. Bass, “Ne Exeat Clauses Proven Ineffective: How the Hague Convention Renders Access Rights Illusory”, 29 N. C. J. Int'l L. & Com. Reg 573, 594 (2004).

〔2〕 Hague Conference on Private International Law, “Guide to Good Practice Under the Hague Convention of 25 October 1980 on the Civil Aspects of Int'l Child Abduction”, Mediation 22 (2012).

〔3〕 Julia Alanen , “When Human Rights Conflict: Mediating International Parental Kidnapping Dispute Involving the Domestic Violence Defense”, 4 *U. Miami Inter-American Law Review*, (62) 2008.

（三）调解的范围比较宽泛

公约诉讼的范围具有局限性。体现在两个方面：一是管辖范围。当事人只能针对违反公约规定的转移或滞留儿童的行为提出返还儿童的公约请求。对于公约规定的探视权，不同缔约国在对仅以侵犯探视权提出的诉讼是否具有管辖权方面，还存在很大的争议，至今尚无定论；二是裁决结果。受理公约申请的法院只能就是否交还儿童作出裁决，而不能涉及有关儿童监护的实质问题。后者还要留待将儿童交还后，由其惯常居住地国家的法院予以裁决。

调解程序则允许当事人讨论更为广泛的事项。对于一起跨国诱拐儿童案件的处理，实质上涉及两个步骤的程序：一是公约案件，主要涉及返还儿童的事项；二是后续案件，儿童返还后在其惯常居住地国家处理纠纷的实质性事项，例如监护权分配和探视安排等。公约调解必须基于这些案件一起被审视的背景进行，否则会危及公约调解的完整性。如果调解程序仅仅是针对返还机制的背景开展，留守方父母通常拥有主导性的谈判地位，因此对于他来说将缺乏参与调解程序的动力。因此，调解程序不仅允许当事人讨论诉讼程序关注的事项，即是否交还儿童的问题，而且可以涉及监护权的分配和探视安排等许多与纠纷有关的实质性问题。也就是说，父母双方除了可以对儿童的居住地达成协议外，还可以就监护权和探视权以及其他相关事项等的细节问题进行协商，例如孩子将来在哪里上什么学校、孩子的假期如何安排等。调解程序为解决诱拐儿童纠纷提供了更多的选项，它赋予当事人以一种更加有益的方式面对未来的冲突，这是调解带给当事人另外一个非常重要的利益。当事人自由设计他们自己的解决方案，不必受制于相关法律的规定。因此，他们能考虑与安排儿童居住地相关的所有实质性问题，对与儿童有关的所有纠纷能一步到位地予以彻底解决。

(四) 调解的结果比较理想

1. 有助于化解当事人之间的矛盾

通过法院程序解决国际诱拐儿童案件，法院通常不会关注诱拐事件背后的原因，而是仅专注于对当事人转移或滞留儿童的行为是否构成公约意义上的“非法”进行判断，继而根据公约的规定作出是否交还儿童的裁决。因此，诉讼程序带来的往往是一方“胜利”一方“失败”的结果，这会恶化父母亲之间本来就已紧张的关系，严重的可能引发极端事件，危及人命安全。例如，新华社洛杉矶2010年8月29日电，美国亚利桑那州一名26岁男子为与妻子争夺孩子抚养权，枪杀妻子和其他4人后，带上两个孩子逃离现场后自杀。[1] 儿童因此会遭受更为严重的心理上的创伤。公约诉讼方式的解决结果，对于当事人来说通常是“治标不治本”。

调解则“标本皆治”，既解决是否交还儿童的问题，也关注诱拐儿童背后的原因，可以从根本上化解当事人之间的矛盾。通过调解程序解决纠纷，每一方都能影响结果，调解则致力于寻找到对双方当事人都“公正”的解决方案。因而，调解达成的协议解决方案会更加契合双方当事人的要求，当事人对此的满意程度更高。并且，调解能帮助父母亲重新建立信任，更有可能产生可持续性的解决方案。例如，英格兰和威尔士 Reunite 试点项目的研究结果显示，参加过调解的父母亲中95%的人会向其他人建议使用调解方式，86%的当事人对调解的结果表示满意或相当满意。Reunite 试点的研究结果发现，即使在当事人不能对一份谅解备忘录达成一致意见的情况下，双方都会觉得

---

[1] 杜焕芳:《国际诱拐儿童民事问题研究:〈海牙公约〉解释、实施与适用》，法律出版社2014年版，第3页。

调解帮助彼此减少了冲突和改善了沟通，有时效果甚至显著到在双方达成协议，调解程序终结之后，当事人还能一起工作。[1]即使父母亲不希望再与对方有任何关系，想要彻底地解散他们的婚姻或家庭，但由于他们都要继续抚养孩子，父母亲彼此之间的相互影响还将继续。[2]因此，通过调解程序化解父母亲之间的冲突，改善父母亲之间的关系，对于他们本身来说也是非常有益的。

2. 有助于实现儿童的最佳利益

通过诉讼程序，裁决返还儿童的结果可能并不符合儿童的最佳利益。例如 2014 年 5 月，英国最高法院发布关于北爱尔兰儿童 K 的判决结果，认为母亲从立陶宛祖母身边把儿童带走至英国，构成海牙公约和欧盟布鲁塞尔条例上的“非法”，裁决迅速返还儿童。[3]但此时，儿童已经在英国与母亲生活了两年，再次将其从母亲身边带走对其身心健康显然是不利的。另外，在儿童年纪尚幼，诱拐方又是儿童的主要照顾者且本人明确表示不愿意返回的情况下，法院裁决返还儿童也并不符合儿童的最佳利益。例如，在 Korowin v. Korowin 案[4]中，母亲把仅有两岁的儿童从美国密歇根州带到瑞士，并根据《公约》第 13 条第 1 款第 2 项[5]提出，由于其本人不能跟儿童一起返回美国，如

---

〔1〕 The Reunite Mediation Pilot Scheme by Reunite International Child Abduction Centre, “Mediation in International Parental Child Abduction”, Oct. 2006, 52, 54.

〔2〕 Paula Shulman, “Brazil's Legacy of International Parental Child Abduction: Mediation Under The Hague Abduction Convention as a Solution”, 16 Cardozo J. Conflict Resol., 256 (2014).

〔3〕 Gilles Cuniberit, “UK Supreme Court Rules on Concept of Rights of Custody under Brussels IIa Regulation”, available at http://conflictoflaws.net/.

〔4〕 Judgement of Feb. 13, 1992 (Korowin v. Korowin), No. 138036, Bezirksgericht (Dist. Ct.) des Kanton Horgen (Switz.).

〔5〕 根据《公约》第 13 条第 1 款第 2 项规定，交还儿童将存在使该儿童遭受生理或心理上的伤害，或致其处于无法忍受的境地的重大危险，被请求国的司法或行政机关则无义务作出交还该儿童的裁定。

果把这么年幼的孩子从母亲身边带走，会对儿童造成严重的心理伤害，因而申请拒绝返还。尽管瑞士法院对此存在争论，但是最终法院否定了母亲提出的抗辩理由，裁决返还儿童。在这个案件中，瑞士法院也注意到了公约的一个缺陷，那就是依靠诉讼仅仅能够解决要求返还儿童的问题。法院注意到，如果母亲拒绝跟儿童一起返回，将会对儿童的身心带来很大的伤害。实践中还存在一种情况，那就是被请求国法院裁决把儿童返还至其惯常居住地国家，为的是确保有关儿童的监护裁决能够在该国法院管辖。在后续的监护诉讼中，诱拐方可能会获得对儿童永久的监护权，之后将再一次带着儿童迁居。因而可能在不长的时间内，儿童将被迫反复地改变其居住的生活环境，这极易伤害儿童身心的稳定。

相较之下，调解则能为实现儿童的最佳利益提供有效的保障。毫无疑问，父母亲是最爱孩子也是最了解孩子情况的人，为孩子的最佳利益考虑而对其生活作出相应的安排，最适合的人选不是法院而是他的父母亲。在公约调解程序中，对有关儿童的所有事项的安排方案，都是由父母亲自己协商决定的。通常父母亲都会优先考虑保障孩子的利益，因而彼此之间会为实施监护权和探视权建立冲突最小的安排，努力保障儿童最佳利益的实现。如果调解能帮助一方父母接受另一方对儿童的重新安置，另一方确保对方探视权的顺利行使，则会避免对儿童的反复迁居，有利于儿童身心的安定。2010 年，海牙常设局发布的《儿童诱拐公约执行指南》也承认，“如果能达成友好解决方案，则最可能符合儿童最佳利益”。[1]总之，通过调解程序，父

〔1〕 Hague Conference on Private International Law, “Guide to Good Practice Under the Hague Convention of 25 October 1980 on the Civil Aspects of International Child Abduction”, Part IV-Enforcement 25 (2010).

母亲能一揽子地解决与是否返还儿童相关的所有事项，例如监护权和探视权的安排，这样就能避免儿童不必要的多次迁居，保护儿童身心的安定。

除了具备以上优势外，调解程序还能为公约案件带来许多额外的利益，例如节约花费。由于公约返还申请不是经常性地发生，这就使得海牙公约诉讼的可预测性比较差，费用比较高昂。调解程序则相较花费比较低。当然，在不同的国家适用调解程序，费用方面可能存在很大的差异。由于一些国家或地区会为司法程序提供法律援助，却不会为调解程序提供援助，所以不能绝对地断言每一个案件中对当事人而言调解程序的费用都比法院程序低。但是，通过调解程序，当事人可以一揽子地解决与诱拐儿童案件有关的所有实质性或非实质性问题，可能为当事人带来持续性的解决纠纷的效果，即可能避免未来相同当事人之间再次就此问题提起的法律诉讼。因而从总体上来看，相较于诉讼而言，调解还是在花费上占有优势。

总之，在《儿童诱拐公约》实施过程中，适用调解程序的优势相较于诉讼程序非常明显。这一点也普遍取得了认可。例如，在跨国诱拐儿童领域组织开展调解的法国国际家事调解协会（MAMIF），在报告中对调解相较于公约诉讼的优势做了这样的描述，“调解并未意在避开国际条约或国家法律，相较于诉讼程序，调解通常能够产生较长的持续性的效果，调解的程序是更快的、更平静的，且费用较少。另外，调解能较好地考虑父母双方的情感和儿童的利益”。这是对调解程序优势的最好总结。

二、公约调解的比较优势在实践中的体现

关于《儿童诱拐公约》实施中，运用调解程序相较于诉讼

程序的优势，可以通过以下的例子[1]予以直观地说明。

父亲和母亲都是 A 国公民，未婚但有一个 2 岁的女儿。2005 年，由于父亲被 Z 国的一家公司雇用，他们一起带着女儿从 A 国到了 Z 国。根据 A 国和 Z 国的法律，他们对女儿拥有共同的监护权。尽管由于语言和文化的差异，母亲觉得很难适应新环境，但接下来的几年里一家人都生活在 Z 国。由于 A 国到 Z 国距离遥远，母亲在这几年中很少回国探望其父母，儿童的外祖父母因此对母亲施加压力，要求其返回 A 国。后来，父母亲之间的关系出现了一些问题，母亲最终决定在 2010 年返回 A 国，并暗中为此做着准备。2010 年，母亲带着女儿在 A 国跟外祖父母过圣诞节，之后便通知父亲她和孩子不会再去 Z 国了。父亲对此感到很震惊。在了解到 1980 年海牙国际诱拐儿童公约在 A 国和 Z 国之间有效后，父亲在 A 国提出返还儿童的公约申请，启动公约返还程序。与此同时，父亲在 Z 国提起诉讼要求赋予其对女儿的单独监护权。

在上述这起案件中，母亲未经父亲同意，偷偷将女儿带离其惯常居住地国家 A 国，侵犯了父亲对女儿享有的监护权，构成国际诱拐儿童案件。对这样一个案件，如果采用司法程序解决，父母亲双方将面临许多次的诉讼。这包括：（1）在 A 国进行的返还儿童诉讼。根据该案的具体情况，如果没有适用严格的返还例外条款的情形，A 国法院将会判决将儿童快速返还至 Z 国；接下来（2）在 Z 国进行的监护权诉讼，这个可能伴随着（3）母亲一方提起的从 Z 国迁居 A 国的诉讼。另外，如果父亲在 A 国提起的返还儿童诉讼的结果是法院拒绝返还儿童，在父

〔1〕 Hague Conference on Private International Law, "Guide to Good Practice Under the Hague Convention of 25 October 1980 on the Civil Aspects of International Child Abduction", Mediation 36 (2012).

母亲之间的矛盾尚未解决的情况下，紧接着可能就是父亲在 A 国提起的关于监护权和探视权的诉讼。

由此可见，如果父亲采用诉讼程序解决这起跨国诱拐儿童案件，必然会涉及在不同国家的法院进行的多场诉讼。以此方式来解决父母亲之间的纠纷，不仅耗时耗力，还可能会耗尽当事人的资财，更会加深当事人之间的矛盾。

相反，如果当事人不采用诉讼程序而选择适用调解，则可以避免这种耗时耗力地在两个国家的法院进行的多次诉讼。更重要的是，调解程序能帮助当事人友好解决纠纷。通过调解，父母双方可能找到一种协议解决方案，友好解决他们之间的冲突。这既能保障女儿与父母亲双方亲情的维持，也可能使父母亲之间的关系继续向前发展。无论怎样，通过调解友好解决纠纷，有利于当事人把精力都集中在如何履行父母责任上，而不是疲于应付一场又一场的诉讼。另外，调解程序相较法院程序更为灵活，能非常好地适应具体案件的需要。在这个案件中，对母亲带女儿返回 A 国，外祖父母对此具有直接的影响，起到了非常重要的作用，而在公约诉讼程序中外祖父母不可能具有任何法律地位，因而不能参加诉讼。如果采用公约调解，外祖父母就可以参与讨论协议解决方案的拟定。考虑到外祖父母对母亲的诱拐行为有着重要的影响，确保他们对协议解决方案的支持，才能保证调解方案具有可实现性。最后，在组织层面上，调解程序相较于诉讼程序的优势也是很明显的。尽管父母亲在不同的国家，但法院程序一律要求当事人到场，否则可能承担不利的后果。而跨境调解会议则可以通过网络、视频等技术手段组织并完成，不要求当事人一定要到场。

通过对上述跨国诱拐儿童案件的分析，公约调解相较于诉讼的优势就非常具体和直观。可以肯定，在《儿童诱拐公约》

实施过程中，引用调解程序解决纠纷具有特别的优势，能为公约的良好运作带来许多重要的价值。然而，公约调解也并不是万能的，在解决跨国诱拐儿童案件中，它本身存在着适用上的局限性，在具体适用时也面临着诸多的挑战。

第二节　公约调解的局限性与挑战

尽管公约调解相较公约诉讼存在诸多的优势，并获得了广泛的认可，但是，目前总体上公约案件仍然是以司法诉讼程序为主要的解决路径，调解在处理公约案件中的重要性未能充分体现。即在《儿童诱拐公约》的实施过程中，运用调解方式化解国际诱拐儿童纠纷的案件相对还很少。这可能与公约调解适用的局限性，以及在适用调解程序解决跨国诱拐儿童案件方面所要面临的诸多挑战有关。

一、公约调解适用的局限性

由于跨国诱拐儿童案件的差异性与复杂性，并非所有的诱拐儿童纠纷都能适用调解程序友好地予以解决。诱拐儿童案件能否适用调解程序，可能与案件中当事人具体的需要或者是案件具体的情形，以及当事人特殊的法律需求有关。

（一）是否适用调解程序取决于当事人的意愿

对于父母亲而言，调解是自愿性的行为。强制性要求调解与调解本身的特性相违背。在一些跨国诱拐儿童案件中，有些父母亲可能明确表示不愿意与对方会面，甚至不愿意与对方进行任何形式的沟通与交流，拒绝听取来自对方的任何意见。在这种当事人一方强烈反对进行调解的情况下，公约调解将无法适用。当事人可能只是要求司法机关介入，作出相应的司法裁决。对于提出这种需要的当事人，不应当剥夺其直接寻求司法救济的途径。

（二）可能存在不宜适用调解程序的情形

即使父母亲双方都同意适用调解程序，处理案件的相关工作人员也需要仔细考察案件的具体情形，对是否可以适用调解作出判断。例如，某些案件中可能存在家庭暴力的迹象，如果启动调解程序，调解过程中如果要求父母亲会面进行沟通，这可能会置一方当事人于危险境地，使其身心遭受到伤害，甚至还有可能伤及调解员。在这种存在家庭暴力且暴力性程度较严重的情况下，可能就不宜适用调解程序。除家庭暴力的情形之外，可能还需要考虑当事人是否有吸毒或酗酒等情况，因为这些情况都可能导致其在调解过程中与对方沟通交流能力的下降，无法保护自己的利益，致使调解的效果不彰。

总之，在跨国诱拐儿童案件中，如果一方当事人明确表示不愿意选择调解程序，或者对于某些不宜适用调解程序解决的案件，试图调解只会造成宝贵的时间上的浪费，并最终导致公约迅速返还机制的延误。因而在这些情况下，适用公约诉讼程序解决纠纷就是有利的。可见，调解程序并非适宜解决所有的跨国诱拐儿童案件，在适用上确实存在着某些局限性。所有的跨国诱拐儿童纠纷都能通过调解程序友好地解决，这只是一种美好的期望。一方面，必须承认公约调解适用的局限性，但是另一方面，也不能言过其实，以此就完全否定调解程序在《儿童诱拐公约》实施中的重要性。

二、公约调解面临的挑战

《儿童诱拐公约》在实施中，即使父母亲双方都同意适用调解程序解决他们之间的纠纷，由于跨国诱拐儿童案件的复杂性，公约调解在具体适用方面也面临着诸多的挑战。

（一）跨境调解的复杂性问题

跨国诱拐儿童案件属于国际家事纠纷。国际家事纠纷的调解较之国内家事纠纷的调解更加复杂。其复杂性主要体现在以下方面：

（1）法律规定的复杂性。在跨境家事纠纷中，由于涉及两个或两个以上的管辖区域，法律制度极有可能不相同，甚至存在很大的差异，对这些不同的法律制度与规定，调解过程中都需要予以考虑。对于跨国诱拐儿童案件而言，不仅需要考虑调解程序的准据法问题，为了达成对当事人具有法律效力的持续性的协议解决方案，对于父母亲讨论处理的涉及儿童的不同事项：例如监护权和探视权等，也需要分别考虑其法律适用问题。这既包括案件涉及的所有管辖区域的不同法律规定，也包括适用于案件的区域性或国际性公约。

（2）不同的文化和宗教背景。参与公约调解的父母亲通常可能拥有不同的文化和宗教背景。对于履行父母亲责任的许多方面，例如在有关孩子的教育问题上，他们各自的价值观和期望可能差异性就很大。造成跨国诱拐儿童家庭纠纷的原因，可能就部分来自彼此对文化差异的不认同从而造成的误解。在调解过程中，当事人的不同文化和宗教背景，不仅可能影响他们彼此之间的交流，也会影响他们与调解员交流的方式。不同的文化和宗教背景使调解变得更加复杂。

（3）不同的语言。参与公约调解的父母亲可能各自所说的语言并不相同，这会给调解程序的开展造成困难。在讨论争议问题的情况下，由于双方承受的情感压力都比较大，即使父母一方掌握了另一方的语言，或者在他们日常关系中彼此交流使用的并不是自己的母语，但此时，当事人可能只是想说他们自己的母语，也许这样会使他们觉得彼此是在平等的基础上讨论问题。尽管对于调解过程中使用什么语言，应当尽可能地尊重当事人各自的期望，但是在当事人双方使用不同语言表达的情况下，造成误解的风险就极有可能增加。

（4）地理距离上的障碍。在国际诱拐儿童案件中，儿童的惯常居住地国家，即留守父母一方居住的国家，和儿童被诱拐至的国家之间的地理距离，可能非常遥远。一方面，地理上的距离会影响调解会面的安排。当事人之间的地理距离和潜在的高昂的交通费用，会影响调解地点的选择问题，以及调解的具体方式问题，例如是采用直接调解还是间接调解等。另一方面，在确定调解协议的具体内容时，需要考虑未来当事人之间会存在很大的地理上的差距的可能性。在父母亲居住在不同国家的情况下，调解协议在对跨境监护或者探视权利的履行作出安排时，就需要对地理上的距离以及与此相关的交通费用予以充分考虑，确保在时间和费用等方面都是可行的。否则，通过调解达成的任何协议安排，都可能会因为当事人之间存在的地理差距而缺乏现实操作性，从而在后续的执行过程中面临阻碍。

（二）调解被不当利用的问题

海牙《国际诱拐儿童民事方面的公约》第 12 条规定，某一儿童已被认为被非法转移或滞留，并且如果在该儿童所在国的司法或行政机关启动有关程序之日起，非法转移或滞留的期间未满一年，司法或行政机关应迅速作出交还该儿童的裁定。即使交还程序是在前款规定的非法转移或滞留期间已满一年后开始，司法或行政机关也应裁定交还该儿童，除非该儿童被证明现已转居于新环境。在儿童诱拐公约实施过程中，援引《公约》第 12 条规定拒绝返还儿童的案件数量比较多，该条已经成为一个比较重要的拒绝返还儿童的理由。[1]

在跨国诱拐儿童案件中，时间对诱拐父母一方发挥着重要的作用。儿童待在被转移至或被滞留的国家的时间越长，对诱拐方就越有利。因为，当非法转移或滞留儿童的期间超过一年，就很有可能被认为儿童已转居于新的环境。此时，根据《公约》第12条第2款的规定，法院享有拒绝交还儿童的自由裁量权。因而，调解程序极有可能被不当地利用，诱拐方父母表面上同意并积极参加调解程序，实际上是借调解拖延时间，以达到公约规定的一年期间，从而主张认定儿童已转居于新的环境，实现其拒绝交还儿童的目的。

（三）儿童权利的保障问题

关于《儿童诱拐公约》实施中适用调解的另一个困难是，如何在调解程序中听取儿童的意见，以确保维护相关儿童的权利。根据多数国家的法律，裁定探视权或监护权的法院通常会考虑儿童的意见，以确保实现儿童的最佳利益。如果儿童的年龄和心智都已足够成熟，法院会在作出裁决前，在有关监护权或探视权安排的事项范围内直接或间接地听取儿童的意见。然而，在涉及听取儿童的意见方面，调解程序则完全不同于法院程序。根据儿童的年龄和成熟程度，在采取了保护儿童心理健康的适当措施的前提下，法官有权力亲自听取儿童的意见，或者安排儿童与有关专家会面听取其意见。因此，在法院诉讼程序中，法官能直接获取到儿童的意见并对此予以考虑。而在这方面，调解员的权力却是受到限制的。调解员不能像法官那样，他没有向儿童发问的权力，也没有权力召集儿童参加调解会议或者让专家跟儿童会面，以听取儿童的意见。因而，如何在调

[1] 吴用：《儿童监护国际私法问题研究》，对外经济贸易大学出版社2009年版，第277页。

解程序中听取相关儿童的意见，或者是采取其他保障措施以保护儿童的权利和福祉，需要认真地予以考虑。

（四）调解协议的效力问题

由于国际诱拐儿童案件涉及多个法域，怎样使跨境调解达成的协议能在两个或两个以上相关的法律体系内都具有法律效力，是公约调解的关键问题。关于对儿童的探视和监护协议，当事人的意思自治可能受到限制。为了确保儿童的最佳利益，一些国家的法律可能作出强制性规定，要求任何与儿童有关事项的协议均需经过法院批准。还有一些国家限制父母一方通过协议限定抚养费用的能力。在确定调解协议的法律效力时，需要考虑两个或更多不同国家法律体系的交互作用。

在拟定调解协议时，如果未充分考虑法律规定的所有必要的方面，可能会带来调解协议不具有法律约束力的风险。如果调解协议不具有法律效力，在将来的纠纷中就不能保护当事人的权利，维护当事人的利益，当事人依赖此协议就是非常危险的。造成调解协议不具有法律效力的原因可能是不同方面的，例如，调解协议全部或者其中一部分可能与准据法冲突，或者因为协议未按要求登记，或者未经法院批准，或者未包含在法院令中，因而不具有法律约束力和执行力。

当事人所依赖的调解协议由于没有充分考虑法律规定，导致其在相关的管辖区域内不具有法律效力，这方面的风险在公约调解中发生的比率非常高。当事人可能意识不到他们表示同意的关于人或物的跨境流动，最终会导致法律地位上的改变。例如，当涉及探视权或监护权问题时，“惯常居住地”是国际私法领域广泛适用的连结点。因此，伴随父母亲协议的实施，儿童惯常居住地可能从一个国家改变到另一个国家，此时就会影响关于监护权和探视权的管辖和法律适用问题，进而会影响到对当事人权利和义务的评判。

在适用公约调解时，关于可能引发调解协议效力风险的情形，可以通过以下几个例子予以直观地说明。[1]

例 1：母亲把儿童从 Z 国非法迁移至 A 国后，父母亲达成调解协议，母亲和孩子返回 Z 国，父亲在 Z 国的监护诉讼程序终结之前，提供母亲和孩子在 F 国生活的必要费用，包括使用家庭住房等。同时父亲许诺自己住到别处以避免纠纷。后来，母亲带着儿童返回了 Z 国，但是父亲却拒绝离开住房并拒绝提供经济支持。假定在执行这份父母亲协议之前，该份协议既未在 A 国也未在 Z 国取得执行力，同时假定两个国家都认为未经法院批准这种协议不具有法律效力，在这样的情况下，则一方很容易食言，陷对方于不利的境地。

例 2：儿童被母亲从 Z 国非法转移至 A 国，父母亲达成调解协议，儿童和母亲生活在 A 国，每年学校放假期间儿童和父亲生活在 Z 国。在儿童被非法转移 3 个月后，儿童到 Z 国和父亲过复活节。假期结束后父亲拒绝把儿童送回 A 国。父亲声称他并未非法滞留儿童，因为孩子现在已返回其惯常居住地，其离开这里只是因为其母亲的非法转移行为。父亲还指出，在母亲非法转移儿童后，Z 国有管辖权的法院立刻赋予了他对儿童的单独监护权。可见，在实际执行父母亲达成的调解协议之前，如果该协议未能在所有相关的国家获得法律拘束力，这种情况下，就极容易遭到当事人的违反。

例 3：由于母亲在 T 国工作的缘故，儿童被母亲从 Z 国非法

[1] Hague Conference on Private International Law, "Guide to Good Practice Under the Hague Convention of 25 October 1980 on the Civil Aspects of Int'l Child Abduction", Mediaton 36 (2012).

移转至第三国T国。留守的父亲一方虽未与母亲成婚，根据A国和Z国的法律却都享有对儿童的监护权，但是根据T国法律父亲却没有监护权。1996年海牙儿童保护公约在这些国家之间并未生效。父亲并不清楚这些情形，默许孩子和母亲留在Z国，条件是他能按期探视孩子。父亲在拟定这份调解协议时，未考虑法律规定的情况，没有登记备案或者以任何方式予以确认；根据Z国或T国的法律其均不具有法律效力。一年后，母亲阻断了父亲对儿童的探视。根据T国法律，由于儿童惯常居住地的改变，此时T国法律适用于该案件，未婚父亲对儿童不享有父母权利。可见，关于未婚情况下父母亲权利的规定，不同的国家法律规定可能完全不同。

综上所述，在《儿童诱拐公约》的实施过程中，引入调解程序解决国际诱拐儿童案件，具有一定的局限性和面临相当的风险。对于这些局限性和挑战，应当保持正确的认识。一方面，不能言过其实，把这些因素作为整体上拒绝适用公约调解的原因；另一方面，应当保持高度的警觉，在适用公约调解时对这些因素给予足够的重视，在调解程序开展过程中建立必要的保障措施，推动调解程序在《儿童诱拐公约》实施中的顺利适用。

第三章
公约调解的适用

在《儿童诱拐公约》实施过程中，适用调解程序解决公约案件，有其特殊的要求。调解程序的开展必须在公约的法律框架内进行，符合公约的宗旨、目的及各项法律要求。为了保证公约调解的质量，调解程序还应当遵循一定的基本原则。在适用公约调解时，具体采用何种调解方式还必须符合相关缔约国的法律要求，达成的任何调解协议必须在涉案的国家间都能执行。

第一节　调解的准备性工作

海牙《国际诱拐儿童民事方面的公约执行指南》（以下简称《执行指南》）指出，获得自愿解决方案的行动应当尽可能早地开始。关于这样的行动是在法院诉讼程序之前还是在诉讼过程中开展，不同国家的规定不同。但是，为了确保来自心理学、社会学等专业领域的调解员或专家能在案件的早期阶段提供帮助，同时避免在确定调解员方面造成不必要的延误，有关调解的基础性工作可以在任何依海牙公约进行的程序之前就开展。这些基础性的工作包括建立对公约案件感兴趣的和有资质的调解员名库。调解员为解决跨国诱拐儿童案件提供调解服务，并且需要一接到通知就能立即安排调解会议。这就要求相关的调解员必须预先同意，一经通知就能参加海牙返还程序的调解工作。调解员本人要接受对法律制度的某些培训，中央机关或法院应当确保如果案件需要能立即使用名库中的调解员。[1]同时，为了保障公约调解的质量，国家应当建立调解服务的监管和评价体系。为了便利调解工作的开展，还应当向当事人提供与公约调解相关的所有信息。

一、公约调解员的培训

（一）调解员培训的现有规定

为了保证调解的质量，对调解员进行适当的培训是必不可少的。一些国家业已制定了规范调解员培训的法律，或对其从事调解的资质或经验进行了规定。[2]例如，2004 年奥地利建立了调解员的国家注册制度，制度要求注册调解员需要符合规定的培训要求。同时规定一次注册仅在 5 年内有效，重新注册要求提供法律规定的继续培训证明。法国也制定了关于家事调解培训的法律。2004 年法国在家事调解领域采用国家颁发证书制度，根据规定，申请调解员证书的人只能是具有专业经验或者在社会学或卫生部门获得国家证书的人，并且必须通过规定的选拔程序。有关调解培训的课程规定得非常详细，包括 560 个小时的理论培训，尤其是对法律、心理学和社会学领域的知识非常重视，以及 70 个小时的实践课程。获得调解员证书的另一

〔1〕 Hague Conference on Private International Law, "Guide to Good Practice under the Hague Convention of 25 October 1980 on the Civil Aspects of International Child Abduction", Part IV-Enforcement, 26 (2010).

〔2〕 这些国家包括：阿根廷、比利时、芬兰、法国、希腊、匈牙利、挪威、巴拿马、巴拉圭、波兰、罗马尼亚、斯洛文尼亚、西班牙、瑞士和美国。See the Country Profiles under the 1980 Hague Child Abduction Convention Developed by the Permanent Bureau , available at www. hcch. net.

种方式是获得专家的承认。

虽然还有许多国家并未就调解员培训作出法律规定，但是为了保障调解的质量，一些国家的调解组织和协会本身也会为调解员建立起应当符合的最低的培训要求。例如在英格兰和威尔士，调解员只有在完成了法律服务委员会（LSC）认可的培训，和顺利通过法律服务委员会的家事调解资质评估后，才能从事由公共资金资助的调解工作。还有一些国家和地区通过制定不具有强制约束力的规定讨论调解员的培训问题，例如制定调解标准、行为准则或建议。然而，应当注意的是，不论是从国家层面，还是从国家内的调解组织或协会方面来看，有关为调解员培训制定的规则与标准，许多都是一般性的，没有特别强调家事调解培训，更不用说国际家事调解。

在国际家事调解领域作出努力的是一些区域性组织。例如，2008 年 AIFI〔1〕制定家事调解行动指南，讨论国际家事调解的专门培训和认证问题，建立了区域家事调解员培训的标准。另外一个在调解领域积极行动的组织是欧洲法官调解协会（GEMME）。该组织联系欧洲不同国家的法官，目的在于促进争议的友好解决，尤其是使用调解方式解决纠纷。2006 年，欧洲法官调解协会发布司法调解的实践指南，其中就涉及调解员的培训和职业道德等问题。

还有一些有关调解的区域性法律文件，鼓励成员国家规定相关的制度以确保调解的质量。例如，欧洲委员会发布的家事调解建议案 No. R（98）1，就鼓励欧洲国家确保国内存在有关调解员的选拔、培训和资质考核等程序，并且强调考虑到国际调解的特性，应当要求国际调解员参加特别的培训。除了家事

〔1〕 AIFI 是一个跨学科的非政府组织，成员包括欧洲国家和加拿大。

调解建议案，欧洲委员会在其民事调解建议案 Rec（2002）10 中，也要求欧洲国家考虑采取措施推动采用合适的选拔、培训调解员的标准，以及规定调解员的责任和资质标准，包括处理国际事项的调解员。尽管这些建议案都是不具有法律拘束力的，但对于推动调解员的培训工作有着重要的指导性意义。当然，关于调解员培训的相关规定，也有某些具有拘束力的区域性公约。例如，2008 年，欧洲议会和欧盟理事会发布《关于民商事调解若干问题的 2008/52/EC 指令》，指令要求欧盟成员国“为了确保调解能以有效、公正的方式进行，鼓励对调解员进行初步和进一步的培训”。

（二）公约调解员的特别培训

考虑到跨国诱拐儿童案件的复杂性与特殊性，公约调解指南建议，只有经验丰富的、最好是接受过国际家事调解的专门培训，特别是接受过调解国际诱拐儿童案件的专门培训的家事调解员，才能在这样的案件中进行调解。对于经验较少的调解员，调解指南建议最好是能与经验丰富的同事一起合作调解，只有在这种情况下才能参与调解跨国诱拐儿童案件。

针对国际诱拐儿童案件，对调解员的培训应当是在常规调解培训的基础上，再加以特别的培训内容，使调解员能为面对跨国诱拐儿童案件的诸多具体挑战（前文已述）作出准备。例如，跨国诱拐儿童案件的许多当事人可能存在不同的文化和宗教背景，针对这种情况，就应当对调解员在这方面进行具体的培训，使其提前了解和熟悉不同的文化和宗教信仰。在当事人可以选择专家调解员并且可行的情况下，选用精通当事人文化和宗教信仰的调解员，有利于调解程序的顺利和有效开展。

国际诱拐儿童案件是冲突性较强的跨国家事纠纷，这就要求调解员能够掌握社会心理学和有关的法学方面的知识。在评估个案是否适合调解方面，调解员也必须进行充分的培训。在启动调解程序之前，调解员必须能够准确评估双方协商的能力。例如，识别当事人的精神障碍和语言困难，识别案件中存在的家庭暴力和虐待儿童的情况，并依此作出案件是否适宜调解的结论。此外，公约调解员的培训还应当包含发展或加强其必要的跨文化能力以及必要的语言技能。同时，培训还应当使公约调解员能熟悉和理解相关区域性及国际性法律文书以及适用的国家法律。尽管在公约调解中，给予当事人法律建议不是调解员的任务，但是使调解员熟悉与跨国诱拐儿童案件相关的基本法律知识却是至关重要的。它能使公约调解员具有全局性的视野，从而以负责任的态度组织开展调解工作。

《儿童诱拐公约》开章明义，指出“确信儿童利益是儿童监护最重要的问题”，可见公约的目的和宗旨在于全力保护被诱拐儿童的利益。因此，在适用调解程序解决跨国诱拐儿童案件时，调解员需要注意鼓励父母亲关注孩子们的需要，并提醒他们对于儿童福祉所负的主要责任。在当事人作出协议安排时，调解员需要提醒当事人应当告知他们的孩子以及与孩子们进行商量。关于这些方面，都应当纳入对公约调解员的特别培训内容中。对于儿童参与的调解，关于怎样考虑儿童的意见，也需要对调解员进行专门的培训。

最后，在公约调解员的特别培训内容方面，还应当特别注意要求调解员提醒当事人关注这样一个事实，那就是他们达成的任何协议解决方案只有在符合所有相关法律体系的要求，和在这些法律体系内被赋予法律效力，才是可执行的。因此，在进行跨国诱拐儿童案件的调解过程中，调解员有责任提醒当事人获得相关法律信息和专家法律建议的重要性。在仅有一方当事人聘请了律师的情况下，调解员需要提醒另一方当事人获取法律信息的必要性。当然，调解员自身也可以向当事人提供某些法律信息，但是需要强调，即使是那些接受过相关专业法律培训的调解员，也不能给予当事人任何法律建议。

总之，在公约调解程序开展之前，对公约调解员进行一般的调解培训，和专门针对跨国诱拐儿童案件进行特别的培训，能够提升调解员的专业水平，从而保障公约调解的顺利适用。

二、公约调解员名册的建立

调解员的选择和资质是非常重要的问题，因为调解员决定着调解过程的具体细节，帮助当事人达成解决方案。儿童诱拐公约《调解指南》建议，为了促进跨境家事纠纷调解机制的建立，国家应当考虑在国家或超越国家的层面上建立公开的可用的家庭调解员名册，通过这种方式让公众能识别专业的调解员和了解调解服务。例如，法国为国际家事调解专门建立了中央联络处，并提供专业调解员名册。奥地利也在 2004 年建立了调解员注册制度。调解指南同时建议，调解员名册最好涵盖调解员的详细信息，包括联系方式、专业信息、接受的培训、语言技能、跨文化的能力和经验等。

关于公约调解员的资质问题，海牙调解工作组〔1〕认为，在选择调解员方面有必要考虑以下方面：（1）专业；（2）适当的和专门的培训；（3）处理跨文化的 IPCA 和家事纠纷的经验；（4）了解和熟悉相关的国际国内法律；（5）访问相关的国内和国际联络的网络；（6）了解两国的法律体系，知道怎样使调解

〔1〕 2009 年，海牙总务和政策委员会要求在马耳他程序范围内建立调解工作组。工作组的目的是鼓励在没有相关国际公约适用的情况下适用调解方式，以帮助解决关于儿童监护或探视的跨境纠纷，并推动调解框架的发展。同年 6 月，调解工作组成立。

协议在两个国家都具约束力和执行力；（7）能获得行政的和专门的支持；（8）开展的调解服务为缔约国法律所认可；（9）具备语言技巧和能力。[1]海牙调解工作组提出的这些对公约调解员资质方面的要求，获得了普遍的认可。

除了资质方面的要求，调解员还应当具有独立性和中立性。要使公约调解能在案件所涉的两个国家都能被接受，调解就不仅应当是有效的，而且还应当是可信的。为此目的，调解员必须保持独立性和中立性。调解员必须是中立的第三方，必须独立于涉案儿童的父母亲，其任务只在于帮助当事人达成他们自己的协议和决定。例如，法国国际家事调解协会强调，在调解过程中，一旦出现怀疑调解员可能与一方父母有关的情况，应立即将此情况明确地告知当事人，让他们决定是否继续调解。同样的，调解员也不是他们所属国家的代表。

应当注意的是，调解员不仅事实上应当是独立的，而且还应当能被当事人认为是独立的。国际社会服务组织就曾经指出，因为它不会被看作是任何国家管理的机构，所以认为它的独立和中立的地位更适合开展调解。而在一些国家，是由国家机构推动建立调解机制，例如国家的司法部组织，在这种情况下，可能会在让当事人认为调解员独立于国家方面出现困难。然而，法国国际家事调解协会却声明，调解能从与司法部有关的事实方面获益。协会认为，国家机构能在国家和国际水平上给出“道德”权威，鼓励父母亲从他们各自坚固的立场中走出来，反而有助于调解的开展。不管怎么样，任何国家在建立调解机制时，都应当考虑确保调解员的独立性和中立性。

可见，在建立公约调解员名册方面，不仅需要考察调解员

---

〔1〕 Working Party on Mediation in the Context of the Malta Process, “Principles for the Establishment of Mediation Structures in the Context of the Malta Process（2010）”.

的资质和经验等问题，还要求其具有独立性和中立性。从某种意义上说，调解员直接关系着公约调解的成败，因而上述这些因素对于确定公约调解员而言是非常必要和重要的。

三、信息提供和监管评价体系的建立

为了保障公约调解在《儿童诱拐公约》实施中的顺利适用，公约缔约国应当向案件当事人提供所有与调解相关的必要信息。同时，为了确保公约调解的质量，缔约国还应当建立针对公约调解服务的监管和评价体系。

（一）提供公约调解信息

在当事人愿意考虑调解的情况下，为其提供可用的调解服务以及与此相关的所有信息，对于公约调解的顺利开展是非常重要的。

为了建立跨境家事调解机制，尤其是涉及跨国诱拐儿童案件的调解，马耳他程序（malta process）[1]范围内的调解工作组建立了构建调解框架的原则，要求同意实施这些原则的国家建立国际家事调解中央联络处，特别要为当事人提供该国可用的家事调解服务信息，例如提供从事国际家事纠纷调解服务的调解员名单和组织、调解费用信息和更多的细节信息。此外，调解原则要求中央联络处对到哪里获取家庭法和法律程序建议，以及怎样使调解协议获得法律效力以使其能执行提供信息。根据原则要求，调解服务信息应当以该国的官方语言向当事人提供，或者使用英语或法语等国际性语言。此外，调解原则要求

〔1〕 2004年，一些国家和组织，包括海牙国际私法会议，在马耳他的圣珠利安斯镇召开会议，讨论“如何确保对父母亲跨境探视权利的有效保护，和相关国家之间因为国际诱拐引发的问题”。在会议宣言中，就适用调解、和解或类似方式达成父母亲之间认可的保护儿童的协议解决方案，与会方一致同意为此提供便利。就此次会议上讨论和建立的相关议题，以后称为马耳他程序。

应当将中央联络点相关的联系信息通知海牙会议常设局，包括邮编、电话、电子邮箱和负责人名字，以及他们的语言信息等。

公约《调解指南》特别指出，尽管调解工作组建立的调解原则是在马耳他程序范围内，即为非海牙公约案件建立跨境调解框架，但它们也与海牙儿童诱拐案件有关。关于为当事人提供调解信息，公约缔约国为实施公约专门指定的中央机关完全可以承担这个角色，然而，一些缔约国更倾向于根据调解工作组的建议，设立独立的中央联络处为国际家事调解提供相关的信息服务。例如，澳大利亚、法国、德国、巴基斯坦、斯洛伐克、匈牙利、荷兰、俄罗斯联邦和美国已经在其国家内为跨国家事调解建立了中央联络处。2011 年 6 月，审查儿童诱拐公约实施情况的第 6 次特别会议在其发布的建议和结论部分，肯定了公约缔约国建立国际家事调解联络处的做法，并且鼓励更多的国家建立这样的中央联络处，或者指定它们的中央机关作为中央联络处。海牙国际私法会议的网站也会对各国建立的或指定的中央联络处的详细联络信息进行公布。

在缔约国为提供调解相关信息建立或指定中央联络处的情况下，一旦接到公约申请，负责履行公约义务的中央机关应当立即向对调解感兴趣的当事人指明国际家事调解的中央联络处。需要注意的情况是，如果中央机关和中央联络处在组织层面上是密切合作的，或者中央机关就是中央联络处，此时案件当事人去找中央联络处肯定不会造成公约返还申请程序上的延误。但是，当缔约国指定中央机关之外的另外一个机构作为国际家事调解的中央联络处时，且两者在组织层面上的联系并不紧密，此时应当特别注意采取措施避免两个机构任何可能的利益上的冲突。尤其注意不能因此造成公约返还程序时间上的延误。

（二）建立公约调解的监管和评价体系

为了确保国际诱拐儿童案件调解的质量，还应当对调解服务进行必要的监管和评价。对公约调解服务的监管和评价最好由一个中立性的组织进行。然而，在没有这样的一个组织的情况下，调解员和调解组织应当自己建立透明的监管和评价其服务的规则。特别是，应当为参与调解的当事人设立投诉的程序，允许其对参与的调解程序反馈意见和提出建议。

公约《调解指南》建议，从事国际诱拐儿童案件领域的调解员和调解员组织，应当建立结构化和专业化的管理、记录和服务评价体系，并应获得必要的行政和专业支持。可行的情况下，国家也应当考虑建立评价调解服务的一般性标准。

第二节 调解程序的启动

在完成公约调解的准备性工作之后，缔约国在接到有关返还儿童的公约申请时，就可以顺利地启动调解程序。调解程序的启动对于案件是否能适用调解，以及怎样适用调解等问题进行判定。可以说，调解程序的启动在公约调解适用中起着承前启后的关键作用。这一过程涉及在什么阶段启动公约调解、由谁启动公约调解以及需要完成怎样的工作等重要问题。

一、启动公约调解的阶段

为了提高友好解决诱拐儿童争议的概率，调解的运用应当不仅可以在诉前阶段，而且应当贯穿整个公约诉讼过程，包括执行阶段。在具体哪个阶段启动公约调解程序，要根据个案的具体情形作出判断。

（一）公约诉讼之前

调解程序可以在当事人提起海牙公约诉讼之前启动。然而，应当注意在此时需要向当事人强调，调解程序并不是他们唯一的选择，参加调解不会影响其诉讼的权利。公约调解是自愿性的，在调解程序启动后的任何阶段，当事人都可以终止调解。

在公约诉讼之前启动调解程序，其益处是多方面的。在此阶段，向国际诱拐儿童纠纷的当事人提出适用调解的建议，可以在冲突发生的较早的阶段化解矛盾，避免当然人之间矛盾的升级。如果当事人同意调解，并达成解决纠纷的协议方案，则可以避免繁杂的司法诉讼程序，包括公约诉讼以及后续的司法诉讼，有效地减轻当事人双方的负担，同时也减轻法院的工作量。一些国家的立法对提起公约诉讼之前启动调解程序作了规定。例如，瑞士有关执行《儿童诱拐公约》的国内法明确规定，在提起交还儿童的公约诉讼之前，中央机关可以启动调解程序。〔1〕

需要特别注意的是，在公约诉讼之前启动调解程序，应当采取必要的保障措施，以确保调解程序不会被诱拐方用作拖延时间的策略，从而不当地获得《儿童诱拐公约》第 12 条第 2 款的任何利益。可行的措施包括为调解制定时间表，严格地把控时间，确保调解程序迅速和有效地进行。

（二）公约诉讼之后

调解程序亦可以在当事人提起返还儿童的公约诉讼之后进行，或者在必要的情况下，可以中止已经进行的诉讼以启动调解程序。例如，在德国和荷兰，国际诱拐儿童案件的调解是纳入法院程序的。具体做法是，在下次庭审之前的 2~3 周内进行调解。因此，在德国和荷兰，没有必要中止诉讼程序。在法国，调解作为一种独立的程序与公约诉讼并行不悖。即不管调解程序是否启动，返还诉讼都照常进行。调解程序中达成的友好解

---

〔1〕 A. Bucher, "The New Swiss Federal Act on International Child Abduction", *Journal of PIL*, (147) 2008.

决方案可以在任何时候被引入到法院程序中。不论是作为独立的程序还是纳入法院程序，这几个国家的经验都表明，在返还儿童的公约诉讼开始之后启动调解，会带来良好的效果。

在提起公约诉讼之后启动调解，其益处是多方面的。(1) 面对法院审理程序，诱拐方父母参与调解以寻求友好解决方案的积极性会提高；(2) 法院可以就举行调解会议制定明确的时间表，避免诱拐方父母把调解作为拖延时间的策略，使其无法通过不当利用调解程序获得海牙《公约》第 12 条第 2 款的任何利益；(3) 法院可以采取必要的保护措施防止诱拐方父母将儿童带至第三国或者隐匿儿童；(4) 留守方父母可能到儿童被诱拐至的国家参加海牙庭审，借机可以为其安排短期的直接会面调解，这样可以避免为留守方父母造成另外的旅行费用方面的负担；(5) 公约诉讼的受理法院依据它的权限，可以就留守方父母和儿童之间的临时探视安排作出决定，防止儿童与留守方父母情感上的生疏，这对调解程序本身也会产生积极的影响；(6) 调解与法庭相关联，可以使用为支持公约诉讼补贴的相关资金；(7) 诉讼阶段当事人通常很可能拥有专业的法律代表，可以帮助确保当事人在调解过程中充分了解相关的法律信息；(8) 就调解达成的结果，法院能及时跟进，通过将调解协议转化为法院令或者采用其他方式，确保该协议在儿童被诱拐至的国家法律体系内具有法律效力。同时，法院也能为确保协议在其他相关的管辖区域具有法律效力提供帮助。总而言之，在公约诉讼之后启动调解，可以使整个调解程序处于法院的监管之下，从而保障调解程序有效率地开展。

上述可见，无论是在公约诉讼之前，还是在公约诉讼之后启动调解程序，都会为纠纷的解决带来特别的利益。因而，在适用公约调解时，有关启动调解程序的阶段是灵活的，既可以在当事人提起公约诉讼之前，也可以在公约诉讼之后。

二、启动公约调解的主体

无论启动公约调解程序的阶段是在公约诉讼之前，还是在公约诉讼之后，为实现调解程序的顺利启动，都离不开相关组织和人员的推动作用。

（一）中央机关

海牙《国际诱拐儿童民事方面的公约》第 7 条第 2 款第 3 项要求中央机关采取所有适当措施以“确保自愿交还该儿童或设法友好解决该问题”。缔约国依据公约建立的中央机关在促进国际诱拐儿童纠纷友好解决方面发挥着积极的作用。

中央机关在接到返还儿童的公约申请后，一旦知悉被诱拐儿童的下落，应当努力寻求自愿交还儿童。在这一初期阶段，中央机关就应当建议当事人为案件进行调解，并提供可用的调解服务信息以帮助当事人协议解决纠纷。具体而言，在一个跨国诱拐儿童案件中，被请求国中央机关不论是直接还是通过请求国中央机关与申请人即留守方父母取得联系时，就都可以在向其提供海牙公约诉讼程序信息的同时，告知被请求国国内可用的调解服务信息。同时，中央机关在接触诱拐方父母时，可以向其提供可用的调解程序信息，鼓励其自愿返还儿童。同样地，请求国中央机关也能在向申请人即留守方父母提供海牙返还诉讼信息的同时，向其提供可用的调解等友好解决争议的方式信息。例如，在收到申请返还儿童的公约请求，并找到儿童下落的情况下，巴西的中央机关（BCA）会给儿童的父母双方发一份调解通知，告知当事人在启动法院程序之前有权选择参加调解，调解的方式是通过 BCA 进行面对面地调解，或者是借助电话或网络进行调解。[1]海牙国际私法会议常设局建立的1980年海牙《公约》国家简况表明，越来越多的国家积极鼓励当事人适用调解或类似的程序设法协议解决他们的争议。目前为止，由中央机关向当事人提供调解信息的国家有：德国，法国，瑞士，比利时，中国香港，捷克共和国，爱沙尼亚，希腊，匈牙利，巴拉圭，波兰（仅对申请人提供），罗马尼亚，斯洛文尼亚，西班牙，英国，美国和委内瑞拉。

当然，向当事人提供调解服务相关信息的任务，缔约国也能授权给中央机关之外的其他机构。例如，被请求国可以指定一个机构而不是中央机关作为国际家事调解的中央联络处，要求中央联络处不仅提供非海牙案件的调解信息，而且提供儿童诱拐公约案件的专门的调解服务信息。但是此时应当注意，由于跨国儿童诱拐案件在时间上非常敏感，中央机关在授权其他机构提供调解服务的相关信息时，必须确保当事人求助该机构不会造成程序上的延误。此外，在当事人决定尝试调解的情况下，中央机关或其授权的机构还应当告知当事人公约调解和诉讼程序可以同时进行。

除了提供调解信息，儿童诱拐公约实施中适用调解机制的比较研究[2]显示，一些积极推动调解的缔约国中央机关在某些案件中还自行提供调解。例如，阿根廷和捷克共和国的中央机关就向当事人提供调解服务。

---

〔1〕 Jennifer Zawid, "Practical and Ethical Implications of Mediating International Child Abduction Cases: a New Frontier for Mediators", 40 U. Miami Inter-Am. L. Rev., 14 (2008).

〔2〕 Sarah Vigers, " Note on the Development of Mediation, Conciliation and Similar Means to Facilitate Agreed Solutions in Transfrontier Family Disputes Concerning Children Especially in the Context of the Hague Convention of 1980", Preliminary Document No. 5 of October 2006, Hague Conference on Private Int'l Law.

（二）法官或法院

近年来，许多国家的法院在家事纠纷领域发挥的作用发生了重大改变。在民事诉讼领域，特别是在家事法诉讼领域，许多国家赋予推动协议解决纠纷以法定地位。例如，在以色列，民事诉讼管辖法院可以在诉讼的任何阶段，建议当事人调解争议的全部事项或其中的一部分（1993 年 8 月 10 日以色列国家管理法案第 5539 号第 3 章）。在澳大利亚，1975 年家庭法案（2010 年第 147 号修订案）第 13 条 C 款以及下列条文规定：根据该法案实施民事诉讼管辖的法院，在诉讼中任何阶段，作出一个或以上的下述裁决：……诉讼当事人参与家事纠纷解决，包括调解。在南非，2005 年第 38 号儿童法案也鼓励家事纠纷的友好解决，允许法官对某些事项进行调解或采用类似的程序。因而，在民事诉讼领域，法官通常都负有友好解决纠纷的义务。在一些国家，对于涉及儿童的家事诉讼，参加调解信息会议或者尝试调解或采用其他类似程序设法协商解决，某些情形下对于当事人来说甚至是义务性的。[1]在这样的背景下，法院在推动协议解决国际儿童诱拐案件方面将发挥重要的作用。不论中央机关是否已经建议当事人进行调解，海牙返还诉讼的管辖法院应当考虑为当事人提供调解或类似的服务。当然，法院需要考虑个案本身是否适合于调解，以及调解服务是否符合国际儿童诱拐案件中对调解的时间限定和其他具体要求。如果在提起海牙交还儿童诉讼之前当事人就已尝试调解但未取得成功，法院再一次启动调解程序可能就不合适。当法官适用公约调解时，

---

〔1〕 例如，在英国（英格兰和威尔士），2011 年 4 月 6 日生效的 HMCS 指南实践指令 3A-调解信息和评估的预申请协议规定，家事诉讼除非协议规定的例外情形，申请人在向法院提出相关家庭诉讼裁决令申请之前，申请人或者其律师应当联系家庭调解员安排申请人参加家事调解和其他替代性纠纷方式的信息会（协议中称为调解信息和评估会议）。

需要注意时间的把控。根据案件所适用的程序法规范，法官可以选择休庭后在短时间内进行调解。例如，在英格兰和威尔士，海牙公约诉讼的管辖法院可以在休庭期间开展调解。或者不需要休庭，但在下一次庭审之前调解必须终结。一些国家的法院要求调解的时间不宜过长，安排要比较合理，比如时间安排在 2 周到 4 周之间。例如，在新西兰，家庭法院为调解海牙儿童诱拐案件就规定了 7 到 14 天的期间。另外，法官在将案件引向调解程序的情况下，最好继续保持对该案件的单独管理。

为了保障诉讼阶段公约调解的顺利启动，审理海牙国际诱拐儿童返还诉讼的法官在培训时，应当详细了解促成争议友好解决的调解和类似程序的功用，以及它们和司法程序合并的可能性，以及可用于国际儿童诱拐案件的调解机制和类似程序的详细信息。

（三）律师

伴随着许多国家的法院在家事诉讼领域作用的重大变化，近年来许多代理家事纠纷案件的律师的作用也发生了改变。律师工作的重心开始倾向于促成家事纠纷的协商解决，为当事人寻找协议解决方案。越来越多的律师接受调解培训就反映了这一趋势。在这样的背景下，代理当事人处理国际诱拐儿童案件的律师对启动公约调解的作用亦不能忽视。

国际诱拐儿童纠纷涉及儿童的利益和福祉，考虑到协议解决一般符合儿童的最大利益，代理律师应当尽可能地鼓励当事人进行调解以友好解决纠纷，并为当事人提供必要的法律信息，以使当事人能在知情的情况下作出是否选择公约调解的决策。在当事人同意调解并取得当事人允许的情况下，律师应当积极地与另一方当事人的代理律师密切合作。

律师在符合其国家规定的作为调解员的要求的情形下，也可以自己开展调解，当然考虑到利益的冲突性，律师不能调解其担任律师的公约案件。像上述提及的在法官培训中强调的事项一样，为了保障公约调解的顺利启动，在对律师培训的课程中也应当纳入调解部分的内容。

最后还应当强调，由于国际家事冲突法律规定的复杂性，律师只有在具备必要的专业法律知识的情况下才能代理。否则，可能为公约案件的友好解决带来消极的影响，或增加障碍。同时，也可能会造成当事人之间力量上的不平衡。

综上可知，启动公约调解的主体包括中央机关、法官或法院以及当事人的代理律师。这些机关和人员能引导和帮助当事人进行调解，对于推动公约调解的适用起着关键的作用。

三、启动公约调解的相关工作

在公约调解的启动阶段，推动调解的相关组织和人员需要完成某些特定的工作，这包括为规避公约调解适用的某些风险，对案件调解进行适当性评估；根据案件的具体情况，确定调解的方式和调解的地点；为确保当事人了解调解服务的条款和条件，与当事人签订调解知情同意书。这些工作都是非常必要的，因为它们构成后续开展调解程序的重要基础。

（一）进行调解适当性评估

使用调解方式解决国际诱拐儿童纠纷，其积极意义已普遍获得了认可。然而，在基于海牙《儿童诱拐公约》申请的案件中，并非所有的案件都适合调解。在对国际诱拐儿童案件进行调解之前，应当首先对目标案件进行审查，对其是否适宜调解进行适当性评估，以避免任何不必要的程序上的延误。

1. 适当性评估的概念

适当性评估是指通过考察国际诱拐儿童案件的事实因素，

对案件是否适合于适用调解程序进行评定。适当性评估对于识别诱拐儿童案件的特殊风险是非常必要的。例如，通过适当性评估，可以发现案件中可能存在的家庭暴力、酗酒或者吸毒等情况。一旦发现这些情况，必须在调解程序开展之前采取必要的预防措施，以避免可能出现的任何不利情况。或者直接排除适用调解程序的可能性。

评估一个具体的国际诱拐儿童案件是否适合调解，需要就个案的具体情况综合考虑。案件是否适宜调解取决于个案的情况，以及在一定范围内，取决于可用的调解服务的功能和特性，和调解员或调解组织对评估事项采用的标准。

2. 适当性评估的内容

在评估国际诱拐儿童案件是否适宜调解时，应当综合考虑案件的各方面情况，作出审慎的抉择。许多国家为国际诱拐儿童案件建立的调解机制中都确立了关于案件是否适宜调解的评估指标。例如，在英格兰和威尔士，专门调解跨国诱拐儿童案件的 Reunite 机制表明以下因素可以作为儿童诱拐案件不适宜调解的指标：（1）当事人一方不愿意参加调解；（2）父母双方的认识过于两极分化；（3）存在家庭暴力的情形；（4）存在虐待儿童的情形。关于适当性评估的内容，海牙公约调解指南的规定更为全面。根据《调解指南》的规定，影响案件是否适宜调解的因素包括：（1）当事人的调解意愿；（2）一方或双方当事人对调解的认知是否过于极端；（3）是否存在家庭暴力，以及家庭暴力的程度，包括虐待儿童的情况；（4）当事人是否有酗酒或吸毒的情况，以及这种情况在多大程度上造成当事人参与调解能力的不足；（5）可能存在的造成双方协商能力严重失衡的其他情况。

在对案件调解的适当性进行评估时，调解员应当私下单独地与当事人各方进行交流并对交流的内容保密，使其尽可能地对调解充分表达他们的意见和提出可能担忧的问题。通过和当事人的最初接触与交流，可能会发现许多需要在调解过程中作出特别安排的问题：例如，发现一方当事人残疾，这个就需要在为调解会议做实际安排时予以考虑。在初次交流时也能解决调解应当使用的语言问题。同时，通过初步性的交流，调解员可以对是否临时安排申请人和儿童接触，以及是否儿童的年龄和心智已成熟到应当考虑他们的意见等方面作出评定。最后，为案件适当性评估与当事人初步会面时，调解员可以详细告知当事人有关调解程序的内容，以及公约调解程序和公约诉讼程序彼此的关系和影响。

3. 适当性评估的主体

一个具体的国际诱拐儿童案件是否适宜调解，应当委托具备国际家事调解知识的有经验的调解员或其他专业人员进行评估。调解员或其他专业人员应当就认识案件的特殊风险，和评估当事人双方协商的能力接受过合适的培训。在实践中，对案件的适当性评估，究竟是应当由提供调解服务或与其相关的人员来做，还是由中央机关工作人员、另外的中央机构或者法院来做，这取决于相关管辖区域内提供调解服务的具体组织方式。

一些调解员强调，适当性评估应当由调解具体案件的调解员来实施；也有一些调解员倾向于由熟悉调解服务，向当事人建议进行调解的人员来做。不管怎样，适当性评估的主题应当由熟悉调解服务或提供调解服务的人员来完成。如果由不熟悉相关问题的人来做的话，可能就会存在需要二次评估的风险，这会导致不必要的程序上的延误和可能产生的额外费用。

（二）确定调解的方式

根据国际诱拐儿童案件不同的具体情况，调解开展的具体方式或方法具有多样性。

1. 直接调解和间接调解

直接调解（direct mediation）是指当事人双方直接和同时参加调解会议的调解方式。[1]在这种方式下，双方当事人可以和调解员在同一时间、同一地点面对面地交流；或者在当事人处于不同国家的情况下，通过使用视频或电话会议设施，或在互联网上交流，以便父母双方和调解员能同时彼此之间进行交流，但是并不需要他们在同一地点甚至在同一国家。例如，德国与美国建立的双边调解模式就设想采用这种会议方式。与直接调解方式不同，间接调解（indirect mediation）是指在调解过程中父母亲彼此不直接会面，而是由调解员单独和每一位当事人会面交流。在两个调解员组织调解的情况下，尽管可能当事人处于不同的地点甚至不同的国家，调解也可以同时在当事人之间进行。当然，也可以是在相同或不同的国家在不同的时间开展。

选择直接或间接调解的方式，抑或是两种方式结合使用，依赖于国际诱拐儿童案件的具体情形。例如，父母亲之间的地理差距，以及双方的时间。一些父母尽管身处不同的地方甚至国家，可能会倾向于选择直接会面调解；直接会面不可行的情况下，可以选择通过视频、电话会议或者在网络上交流。在案件中存在人身攻击或恐吓威胁等家庭暴力情形，而当事人又希望调解的情况下，采用间接调解的方式无疑是最安全的。或者通过视频、电话会议或在网络上等远程调解，也可能适合于这样的案件。

---

〔1〕 Sarah Vigers, "Note on the Dev. Of Mediation, Conciliation and Similar Means to Facilitate Agreed Solutions in Transfrontier Family Disputes Concerning Children Specially in the Context of the Hague Convention of 1980", Preliminary Document No. 5 of October 2006, Hague Conference on Private Int'l Law.

2. 单独调解和合作调解

单独调解（single mediation）是指由一个调解员组织开展的调解，而合作调解（co-mediation）是指调解由两个调解员组织开展。是采用单独调解还是合作调解的方式，要依赖国际诱拐儿童案件的具体情况，以及不同国家专门为调解国际诱拐儿童案件建立的不同的调解机制的安排。

总体而言，国际诱拐儿童案件的冲突性比较大，情况比较复杂，相应的调解工作的压力就会比较大。父母亲之间本来关系就出现了问题，加之诱拐儿童事件的出现，当事人在调解讨论过程中可能会非常情绪化，彼此之间随时可能爆发冲突。在这样的情况下适用合作调解就非常有利。合作调解方式下，两个具有调解相关经验、知识和方法的调解员一起工作，同时出现在调解场所更容易为当事人带来一种平静的和有安全感的讨论氛围，调解员彼此之间的合作也能为父母亲作示范，提供一些启示，这些都为解决冲突性很强的诱拐儿童纠纷增加了达成协议结果的可能性。此外，合作调解能保证在调解过程中不会有双方当事人单独相处的机会，这有利于避免当事人之间发生冲突。同时，作为公约申请的一种处理机制，公约调解必须遵循诱拐公约为实现快速交还儿童在时间方面的要求，还要注意调解存在不成功的可能性，当事人还要借助法院程序。因此，调解不能造成公约诉讼程序的延误，因而调解国际诱拐儿童案件时间非常紧迫。这就意味着，调解员可能需要在很短的时间内组织当事人进行几次会面，每次可能要两到三个小时的时间。这样的工作强度会给调解员带来巨大的负担，合作调解方式对于减轻调解员的工作压力方面无疑会有帮助。

然而，并非所有的情况下合作调解都具有可行性。合作调解的费用可能比单独调解要贵很多。另外，面对一起国际诱拐儿童案件，在很短的时间内找到两个合适的调解员通常可能是非常困难的。即便能找到两个合适的调解员，如果他们之前没有合作调解过，在调解工作中他们还需要时间以适应彼此的工作方式。相比较之下，采用单独调解的方式，由有经验的调解员一个人开展调解，安排起来比较容易，也不存在两个调解员之间的彼此适应问题，费用还少。尽管单独调解的方式具有这些方面的优势，但是考虑到国际诱拐儿童案件较高的冲突性，以及合作调解能为此带来的各方面的利益，公约调解指南还是建议在考虑为国际诱拐儿童案件建立调解机制的问题时，应当考虑使用合作调解的方式。

3. 跨文化、双语调解

合作调解的一个特殊形式是跨文化（bi-cultural mediation）、双语调解（bilingual mediation），这也构成公约调解一种特殊的方式。在国际诱拐儿童案件中，父母亲双方可能来自不同的国家，讲不同的语言，在这种情况下，采用跨文化、双语合作调解方式能满足案件的实际需要。

跨文化、双语调解方式多出现在双边调解类型的公约调解中。在这种方式下，调解由两个经验丰富的家事调解员组织开展：一个当事人的国家出一个具有相同文化背景、与当事人讲相同语言的调解员。在当事人双方所讲语言不同的情况下，调解员也需要对另外一种语言有很好的理解能力。这是对调解员语言能力的要求。同时，在为调解国际诱拐儿童案件建立的机制中，还有两个问题需要尽力平衡，即调解员的性别和专业问题。在这些机制中，合作调解由一个男性调解员和一个女性调解员组成，一个具有法律专业背景，一个具有社会心理学背景。这样有助于在处理不同的调解问题时专业知识和文化能力的结合。这种合作调解机制，涉及不同性别和不同专业背景的调解员，因此可以被称为跨文化、双语、跨性别（bi-gender mediation）和跨专业（bi-professional mediation）的调解机制。例如，在德国，专门调解国际诱拐儿童纠纷案件的 Mikk 组织建立的调解机制就采用这样的调解方式，将其适用于多个双边调解项目，包括 2007 年开始的德国-波兰项目、2004 年开始的德国-美国项目、2003 年~2006 年期间开展的德国-法国项目以及 2003 年开始的德国-英格兰项目。

跨文化、双语合作调解方式的最大好处是增加当事人对调解程序的信任，它在调解过程为当事人营造一种氛围，让当事人感觉到，他们在交流过程中能受到来自与他具有相同语言和文化背景的人的理解和支持。当然，在当事人与调解员来自同一国家的情况下，并不是调解员的国籍本身使得他们特别适合于当事人的信任，而是调解员的文化背景和由此具备的理解当事人的价值和期望的能力，以及通过使另一方当事人更容易理解的方式，翻译与文化有关的语言和非语言表达的能力。需要注意的是，一个人的文化受到许多因素的影响，国籍仅是其中之一，在一个特定的案件中，其他方面像宗教和与某一特定族群的联系可能要比国籍对其文化的影响更为强烈。因而，在当事人来自相同的国家，但是因为他们属于不同的宗教或种族群体而有着不同的文化认同的情况下，由各自与其具有相同文化背景的调解员进行跨文化调解无疑有利于调解的顺利开展。

当然，跨文化、双语合作调解方式也可能会产生一些问题。例如，由于语言和文化背景的一致，当事人自身会与某个调解员产生某种共鸣，会下意识地把这个调解员看作是他的代表。因而，调解员需要向当事人特别强调其作为中立性和公正性的第三方的作用。另外，合作调解方式要求两个调解员共同调解，在很短的时间内要找到合适的可用的调解员就已经比较困难，跨文化、双语合作调解方式还要求调解员跨文化、跨性别、跨专业，这比普通的合作调解在实现上会更加困难。最后，跨文化、双语合作调解的劣势还包括比较高的费用方面的问题。

总之，国际诱拐儿童案件的具体情况千差万别，调解开展的具体方式和方法就多种多样。不论具体采用怎样的调解方式和方法，中央机关或国际家事调解中央联络处应当及时将相关信息向利害关系人提供。

（三）确定调解的地点

在跨国诱拐儿童案件中，当事人之间地理上的差距为案件适用调解提出了特别的挑战。在此情况下，为了调解，安排当事人进行一次或几次的直接面对面的调解会议，很可能就是不现实的。然而，许多有经验的调解员还是建议，如果可行的话，最好还是面对面调解（in-person mediation）。显然，面对面的气氛有益于当事人双方的充分沟通和交流，容易达成友好解决方案。在决定具体在哪一个国家举行直接的会面调解时，需要考虑双方父母的意见。为当事人直接会面调解安排的场所需要是中立性的，并且适合于个案的具体情况。然而，许多情况下，为当事人安排直接的会面调解会议，可能缺乏可行性，例如当事人一方因为签证等问题无法到场。在这种情况下，就应当考虑使用远程和间接调解的方式。在国际儿童诱拐案件中，接受调解请求的调解员应当首先与当事人讨论直接会面调解的可行性，如果直接会面调解不可行，再考虑远程的间接调解方式。这两种方式都依赖于个案的情况。调解方式确立后，调解员要为调解的开展安排适合的场所。

1. 直接会面调解的地点

通常情况下，跨国诱拐儿童案件的直接会面调解会议会在儿童被诱拐至的国家举行。这样安排有两个方面的益处：一是在留守方父母待在那个国家期间，方便安排留守方父母对儿童的临时探视。这对调解会产生积极的效果；二是简化了调解程序和海牙法院诉讼程序之间的联系。然而，把儿童被诱拐至的国家作为调解的地点，留守方父母可能会认为这是对他的又一次的不公正，因为他可能认为他同意调解而不是单纯走海牙诉讼程序，已经是一种让步。除了留守方父母可能在观念上的排斥，操作上也存在一些现实的障碍，例如交通费用问题和签证问题等，留守方父母可能不能或无法到达儿童被诱拐至的国家。当然，如果留守一方父母为寻求儿童的返还，可能已经在儿童被诱拐至的国家，这种情况当然对于安排直接的会面调解是最好的，至少在这样的情况下不需要留守方父母负担额外的交通费用。

相比之下，在儿童被非法带走的国家举行直接会面的调解会议，困难会更多。除了交通费用、签证等问题外，可能还会存在一些另外的困难。例如，诱拐一方可能在那个国家面临刑事起诉，或者诱拐方不愿意在他离开的期间把儿童留给第三方照顾等。在极端例外的情况下，直接会面的调解会议也可能考虑在第三个“中立”的国家举行。同样的，交通费用和签证事项可能是实践中的障碍。

在国家确定之后，还要考虑在该国举行调解会议的实际场地。当然，实际场地的安排也必须基于中立的前提。例如，在法院的一个房间里，或者是在提供调解服务的独立机构的场所。此外，当事人可能会认为某些宗教或社区建筑是中立的，愿意在那里进行面对面的调解。不管安排在哪里进行调解会面，选择的具体地点必须能够适合个案的具体情况，例如，在必要的情形下为相关的人员提供充分的安全措施。

2. 远程调解的地点

对于调解跨境纠纷的调解员而言，现代化的通讯科技无疑是重要的工具和手段。在这些科技的帮助下，建立虚拟的面对面会议以实现远程调解可能相对比较容易。在一些国家，例如澳大利亚，由于其地理版图较大，通过电话、视频或在线（也称为“ODR”，在线纠纷解决）进行远程调解服务的发展比较迅速。在跨国诱拐儿童案件的远程调解方式下，父母亲位于不同的国家，只要能建立网络、视频或电话联络，当事人具体在什么地方并不重要。

但是，关于远程调解会议的具体安排也必须予以仔细考虑。因为远程调解同样面临许多具体的挑战。例如，如何在远程调解的方式下，确保调解会议的保密性，这是一个比较重要的问题。另外，为了避免当事人对远程调解的公正性和中立性的任何质疑，在调解中应当避免调解员与当事人一方进行视频、网络或电话联络。

（四）签订调解知情同意协议

在公约调解程序开始启动之前，调解员应当向当事人提供关于调解和有关事项的所有必要的信息，以使当事人能在知情的情况下就是否选择调解程序作出决定。为了确保当事人清晰地了解调解服务的条款和条件，调解员和当事人可以订立调解知情同意协议（contract to mediate）。

1. 协议的形式

关于同意调解协议的形式，并没有专门的要求。然而，为了确保当事人选择调解程序，是在充分知情的情况下同意的，调解员和当事人之间应当就调解服务的具体条款和条件签订书面形式的协议，除非相关的法律体系中已另有规定。

2. 协议的内容

同意调解协议的内容应当尽可能详细和具体，列明关于调解程序的所有必要的信息，包括可能的费用信息。具体而言，协议的内容应当包含以下方面：

第一，明确调解员作为中立和公正的第三方。应当强调，调解员的角色是仅仅帮助当事人之间进行沟通，并不代表任何当事人。后者尤为重要，因为对国际诱拐儿童纠纷调解的实施是基于两国双语合作的情况下，当事人可能会觉得与其说同一种语言和具有共同文化背景的调解员更为亲切，会下意识地将其看作是自己的代表。因而，关于调解员不代表任何当事人一方的信息，应当在调解开始之前以书面形式确认，成为同意调解协议的一部分。另外，虽然在跨国诱拐儿童纠纷的调解中，调解员应当提醒父母亲，注意获得关于调解协议和该协议在相关的不同法律体系内实施的有关法律信息或建议的重要性，但是，调解员自身不能向任何一方提出任何法律建议。

第二，强调调解程序应遵循的原则，例如保密原则。协议应当强调调解过程保密的重要性，同时注意准据法的相关规定。

第三，列明调解过程的细节，包括调解的方式或模式，以及调解的范围。

第四，列明关于调解的费用信息。

另外，在启动调解程序之前，调解员也应当告知当事人关于调解程序和司法诉讼程序之间的相互关系。调解员应当让当事人明确，调解程序只是一种选择，当事人尝试调解不会对其启动公约诉讼程序造成任何障碍。同时，由于国际诱拐儿童纠纷的法律规定特别复杂，调解员应当提醒当事人注意，在调解过程中就有关事项进行讨论和最后起草调解协议条款时，以及使调解协议在相关的国家获得法律效力方面，应当向有关人员寻求获得专业的法律信息。中央机关或国际家事调解的中央联络处可以帮助当事人获取这些信息，或者是由当事人聘请的专业法律代表向其提供相关信息。

最后，如果调解员和当事人之间没有订立同意调解协议书，调解员也必须确保当事人在调解程序开展之前熟悉调解服务的所有相关信息。并且这些信息也应当以书面的形式让当事人知晓，例如，通过宣传小册子、个性化的信件或者网站上列明总的条款和条件，在启动调解程序前供当事人参考。

综上可见，调解程序启动阶段需要完成的工作是相当繁杂的。但是，只有在完成了上述的所有工作之后，后续的调解程序才能得以顺利开展。

第三节　调解程序的开展

调解程序的开展是公约调解适用的核心部分。在此阶段，争议的跨国诱拐儿童纠纷可能得以友好地化解，实现儿童诱拐公约追求的保护儿童利益的最终目的。为了保证公约调解的有效开展，同时保障调解的质量，调解需要遵循一定的基本原则。同时，调解作为《儿童诱拐公约》实施的一种方式，当事人应当在公约规定的框架下，讨论返还儿童以及与此相关的其他事宜。

一、遵循公约调解的基本原则

为了保证调解的质量，确立调解程序应当遵循的基本原则就显得尤为重要。尽管不同国家以及由不同调解机构确定的调解原则可能并不相同，但其中不乏许多共同因素，例如调解需要遵循公平性和中立性原则。许多关于调解的原则甚至通常会反映在调解本身的概念中。公约调解指南就对与调解国际儿童诱拐案件相关的最普遍性的原则予以了明列。

（一）自愿性原则

自愿性原则是公约调解的首要和基本原则。调解对于当事人而言是自愿性质的，具体体现在两个方面：一是是否参加调解程序，由当事人自己决定。在鼓励或引导当事人进行调解时，不能给当事人造成任何的压力。需要让当事人知道，调解是提起海牙诉讼程序之外的另一种选择。二是在调解程序启动后的任何阶段，当事人随时可以放弃调解，终止调解程序。当事人愿不愿意启动调解程序，以及在调解程序开始后是否愿意继续调解，都不会影响法院的最终裁决。提起海牙诉讼程序不应以当事人双方参加调解信息会议为前提，因为这样可能会造成诉讼程序的延误。自愿性是调解这种方式天然的特性，强制性要求当事人参加调解通常被看作是与调解这个短语本身就存在着矛盾。

然而，一些国家会强制性地要求当事人参加调解信息会议。例如，在法国和德国，在有关儿童的父母亲纠纷中，家事法官会强制性地要求父母亲参加关于调解的信息会议，但是不会强制性地要求他们进行调解。这与调解的自愿性原则并不相背。即使在强制性地要求当事人进行调解的国家，例如，在挪威和马耳他，调解是强制性的，但只要当事人没有被迫在调解中实际解决他们的争议，就可以认为符合调解的自愿性。

公约调解虽然是自愿性的，但是为推动调解程序的迅速启动与开展，使用一些强制性措施可能是必要的。因为调解虽然是化解国际诱拐儿童纠纷的有效方式，但其适用绝不能造成公约规定的快速交还儿童程序的延误。然而，任何鼓励当事人调解的强制性措施都需要考虑国际诱拐儿童案件的具体情况。

（二）中立性和公平性原则

中立性和公平性原则对于公约调解的成功运行是至关重要

的。尽管它们讨论的是调解程序的不同方面，但彼此之间联系密切。调解员是独立的，对于当事人而言应当保持中立性，关于调解的结果也应当具有中立性。调解员进行调解的具体方式以及调解程序的开展，对于当事人而言必须是公平性的。

调解的中立性和公平性原则意味着，在调解程序中需要给予当事人参与调解过程的平等机会。调解程序的具体安排应当适应个案的需要以平衡当事人的协商能力。例如，在当事人希望使用他们的母语或者使用一种他们感觉舒服的语言进行交流的情况下，应尽可能地给予尊重。在一些国际诱拐儿童案件中，留守方父母可能不熟悉被请求国即儿童被带至的国家的法律制度，也不会讲该国的语言，而诱拐方通常至少会讲那个国家的语言。在这种情况下，如果要求留守方父母在被请求国参加以该国语言进行的调解，由于不能用其母语进行交流，这对留守方父母而言就是不公平的。

（三）保密性原则

1. 保密性原则的内涵

保密性原则是公约调解的重要原则。它是指在公约调解过程中以及调解项下所有的信息，除非当事人另有约定，都应当是保密的。保密性原则具体体现在两个方面：一是调解的内容具有保密性。这对于帮助当事人建立对调解程序的信任是必需的。如果父母亲担心他们提出的建议可能会被作为一种妥协，在法律诉讼中会对他们不利，就可能不太愿意考虑不同的选择。调解内容的保密性帮助父母亲在调解过程中就他们争议的任何可能的解决方案，进行全面的畅所欲言的讨论。例如，在跨国诱拐儿童案件中，留守方父母可能不愿意表示其同意儿童留在其他国家，因为这种态度会被解释为海牙《公约》第13条规定的“默认”，而“默认”构成返还儿童的法定例外情形。在调解过程中任何信息保密的情形下，留守方父母就不会有这种担心。

二是调解程序上的保密性。调解程序启动之前，调解员和当事人签订的同意调解协议书通常包括保密条款。例如，协议可能包括禁止当事人咨询调解员，甚至可能包括一种威慑性的规定，比如如果当事人一方咨询调解员，就需要支付调解员律师费用。

确保调解保密性原则的措施是多方面的。许多公约缔约国在法律中规定了调解程序的保密性原则。立法中规定调解保密性的国家有：比利时、丹麦、爱沙尼亚、芬兰、法国、希腊、匈牙利、爱尔兰、以色列、立陶宛、挪威、巴拿马、巴拉圭、波兰、罗马尼亚、斯洛文尼亚、西班牙、瑞典、瑞士和美国。在立法没有规定的情况下，一些国家实施调解的机构本身对此也会进行规定。例如，英国 Reunite 试点项目下，参加调解的父母亲被清晰地告知，在调解过程中除非双方最后达成一个完全的结论性方案，需要就此协议提交法院签署同意令，其余任何情况下有关调解的任何内容都是保密性的。如果调解过程失败，海牙公约诉讼程序照常进行，在法庭上不允许任何一方提及调解过程中获取的任何信息，除非该信息涉及儿童保护事项。除了确保调解内容的保密性，Reunite 组织禁止在调解程序之外，在该组织工作的调解员与涉及调解的当事人有任何联系，比如通过 Reunite 组织的咨询热线等功能联络。调解员在调解程序中获取的所有信息，对 Reunite 组织的其他成员和其他部门保密。

调解的保密性还要求免除调解员和参与调解程序的其他人员在民事或商事诉讼中就调解获得的信息作证的义务。例如，在德国，调解的保密性不是依据法律规定，而是通常通过调解员和双方当事人签署保密的书面同意协定予以确定。通常认为，当事人在调解过程中作出的任何陈述，不能在法庭上予以使用，父母亲任何一方不能要求调解员在法庭上为其作证。然而，一些国家对此缺乏相关立法或其他规则来约束法庭，在诉讼程序中调解的保密性就可能遭到违反。因而，对于国际诱拐儿童案件的调解，需要对涉案的两个或所有相关的管辖区域关于保密性方面的规定予以全面考虑。调解员应当明确告知当事人关于调解保密性的准据法问题，当事人需要确定，调解过程中交流的信息是否会在任何相关的国家被用于法庭之上。即使调解员本身不知道其他相关国家关于调解保密性方面的规定，也需要提醒当事人注意这些规定可能是不同的，调解过程中交流的信息可能在其他国家不被认为具有保密性。调解员应当建议当事人就此问题向专业的法律代表进行咨询，或者在可能的情况下，向当事人提供获取这方面信息的有效途径。

除非法定的例外情形出现，国家应当考虑建立规则确保不会发生上述这样的情况。某些区域性公约业已建立起这样的措施，例如欧洲调解指令要求成员国通过法律措施保障调解的保密性。许多国家在法律中亦作了规定，例如美国的调解示范法。在美国，家事法律制度属于各个州的立法权限，因此适用地方法院规则。在美国的一些州，调解的内容在调解员和当事人之间是保密的。根据美国与德国之间建立的双边调解项目规定，调解的内容具有严格保密性，一旦调解不成功，不能在后续的任何诉讼中使用调解过程中获取的任何信息。

另外，不论调解是作为诉讼程序的组成部分，还是调解发生在诉讼程序之外，都不影响调解的保密性原则。如果调解作为公约诉讼程序的组成部分，当然适用法院的保密性规则。即使调解发生在法院体系之外，父母亲和调解员都需要充分明确关于调解信息的保密性。任何关于保密性的承诺都应当在与案件有关的国家获得尊重。

2. 保密性原则的例外

调解的保密性原则也有例外的情形，最主要的情形是调解过程中的信息涉及当事人进行过或计划进行的犯罪行为。许多关于调解保密性的规则都在这方面作出了例外性规定。另外，保密性原则的例外可以直接源于刑法的规定。根据这些例外性规定，当存在使儿童遭受到潜在的身心伤害等的相关行为时，或者可能该行为还会危及其他儿童福利机构或其他儿童保护机构，在这些情况下，调解员或调解中其他参与人员就有义务向警察报告这些信息。然而，在这样的案件中，是否可以要求调解员就其在调解过程中获得的信息在法庭作证，则需要根据相关准据法的规定。例如，根据法国国际家事调解协会（MAMIF）的规定，保密性承诺鼓励父母亲提出他们各自的需求，彼此之间重新建立对话。根据法国法律，调解员就调解获取的任何信息有对第三人保密的义务，因此，未经父母亲双方的同意，调解员不能在法庭上提出其掌握的情况，以及在任何其他程序中使用。同时，该原则存在例外情形。例如，法律要求对15岁以下儿童遭受的任何体罚、身体或性虐待必须进行公布。

应当注意，关于是否已经启动调解程序、调解程序是否还在继续或者已经终结等，仅仅将这些管理方面的信息传递给相关的管辖法院或中央机关，不构成对公约调解保密性原则的侵犯。相反，分享此类信息是解决国际诱拐儿童纠纷中调解员、中央机关和法院之间在组织层面上合作的重要方面。

总之，在适用公约调解时，为了有效地化解跨国诱拐儿童纠纷，维护当事人的合法权益，更重要的是保护儿童的最佳利益，调解程序的开展应当遵循自愿性原则、中立性原则、公平性原则和保密性原则。这些原则协同作用，共同构成公约调解有效适用的重要基石。

二、在公约调解的范围内讨论相关事宜

公约调解较之公约诉讼，最大的优势就在于其调解范围的广泛性和灵活性。通过调解程序，当事人不仅能讨论公约诉讼所要解决的是否交还儿童的问题，还能就儿童的监护和探视等实质性问题作出安排，甚至还能涉及许多与法律无关因而在诉讼中不具地位的议题。例如，调解能帮助化解家庭中过去长时间存在的一些不和。正是由于调解范围的宽泛，适用调解程序解决诱拐儿童案件，能从根本上帮助化解案件背后的家庭矛盾，圆满地解决诱拐儿童的家庭纠纷。然而，公约调解范围的宽泛性毕竟改变了诱拐公约规定的范畴，在讨论调解的范围之前，需要首先考虑其管辖和法律适用问题。

海牙《公约》的目的具有两个方面：一是确保迅速交还被非法转移或滞留于任何缔约国境内的儿童；二是确保在某一缔约国依法享有的监护权或探视权在另一缔约国获得有效尊重。为此目的，公约要求儿童被转移至或滞留的缔约国的司法或行政机关，不应对监护权的实质问题作出裁定，除非已经决定依据公约不交还该儿童。基于此，在被请求国进行公约诉讼的过程中，如果允许父母亲解决有关争议的实质性问题会被看作是对公约精神的违反，因为这样做不能保证实现对儿童的迅速交还，亦不能保证是对儿童惯常居住地国法律的支持。然而，公约允许和鼓励达成父母亲协议，并且在父母亲能友好解决争议的情况下，可以终止公约申请，之后儿童被转移至或滞留的缔约国的司法或行政机关可以作出任何必要的实质性裁决。[1]但

---

〔1〕 Elisa Pérez-Vera, "Explanatory Report on the 1980 Hague Child Abduction Convention", Hague Conference The Hague, 1982.

是，要在诉讼程序之前就让父母亲讨论广泛的事项，又会引起有关管辖和适用法的问题。对此问题，应当强调在调解中是当事人自己而不是有关司法或行政机关给出解决方案。因此，儿童被诱拐至的国家的程序法可能适用，但实体法却不适用，因为协议是由当事人决定的。因此，尽管对于后续使调解协议转化为法院令时会出现关于法院的管辖问题，调解进行的地点不应当造成调解协议转化的任何阻碍。双边合作调解项目经验表明尊重惯常居住地国家的法律通常并不是项目关注的重点。调解在本质上与公约诉讼有区别，这一点获得了广泛的认可。一般而言，当事人不能随着自己的意志改变他们的法律权利或义务，因此对于惯常居住地国家法律赋予当事人的探视权或监护权，公约调解中当事人不能放弃。调解协议只是就怎样实施那些权利和父母亲责任进行确定。

公约《调解指南》指出，调解程序不像司法程序那样面临相同的管辖限制。法院诉讼仅能处理法院具有国际管辖权的事宜，调解并不是这样，尽管管辖事项会在使调解协议在相关的不同法律体系内具有法律约束力方面发挥作用。因此，适用调解程序解决国际诱拐儿童案件，不仅处理返还或不返还儿童的条件和形式方面的问题，也包括其他影响当事人父母亲责任的长期事项，包括监护权、探视权甚至抚养儿童的安排等，这一观点已获得了广泛承认。

（一）是否交还儿童的事宜

是否交还儿童是根据公约提出申请的任何留守一方父母所主要关心的问题。海牙公约的目的就在于，当惯常居住于一个缔约国的儿童被非法转移或滞留于另外一个缔约国时，寻求快速返还儿童或者是达成协议的方法以确保探视权的有效行使。公约坚持两个基本前提：一是儿童惯常居住地国家保留决定监护权或探视事项的管辖权；二是从维护儿童最佳利益出发，应当迅速作出返还儿童至其惯常居所地国家的裁决，不使儿童有时间在另一个国家构成定居。因此，调解过程中首要讨论的议题就是，是否应当将儿童返还至其惯常居住地国家还是待在新的国家。

海牙公约寻求迅速恢复到儿童被诱拐前的原状的处理结果，把关于监护权和探视权的长期的裁决，包括可能的重新安置儿童的问题交由儿童惯常居住地国家的法院管辖。在没有例外情形适用的情况下，公约要求审理海牙返还申请的法官裁决返还儿童。因此，关于海牙公约范畴内的诱拐儿童案件的调解范围，是否应当仅限于讨论迅速返还儿童至有合法管辖权的国家的方式？调解指南给出了明确否定的答案。调解过程中，当事人既可以讨论有关返还儿童的具体方式问题，也能讨论不予返还儿童的可能性、条件、方式和相关的事宜，即关于重新安置儿童的长期决定。原则上，调解中处理这些事宜并不违背公约和其他相关的法律。

（二）影响父母亲责任的其他事宜

很明显，关于持续性的探视协议，以及关于儿童的成长和抚养等议题并不是海牙公约申请的目的。然而，在一些公约案件中，这些广泛的议题可能与当事人决定是否返还儿童的事项密切联系，因而需要在公约申请范围内进行讨论。处理海牙申请的法院通常也需要对这些与返还决定具有密切联系的问题进行考虑。为了考虑涉及的这些事项，法院通常采用例如担保、安全港命令和镜子命令等作为处理办法。

对于与决定是否返还儿童有关的广泛的议题，调解程序的讨论会比在诉讼程序中更为具体细致。因为法院是法官最后作出裁决，通常法官裁决所考虑的情况目的仅仅在于如何确保儿童以及和诱拐方父母可能发生的安全返还问题，一旦儿童惯常居住地国家法院作出裁决，被请求国法院的影响就会停止。而父母亲之间作出的纳入调解协议中的决定，可能有较长时间的持续性的影响，因而在这些事项的讨论上应当更为具体。一些国家已经在海牙公约申请范围内采用调解解决广泛的议题。例如，在德国，联邦司法部认为通常调解的目的不是仅考虑一个方面，而是要解决其他的问题即探视、父母监护、儿童居住地和抚养等。司法部指出在海牙诱拐公约程序下，不仅仅是遣送儿童回国的问题，包括将来儿童的惯常居住地在哪里，另一方父母的探视权如何行使，儿童的假期怎样安排，儿童与其祖父母和其他亲戚的联系，以及留守父母一方可能希望儿童学习他的语言的愿望等，通常也都包括在调解范围内。在巴西，调解员会允许父母亲讨论他们彼此都同意讨论的任何问题，包括经济方面的安排。在英国 Reunite 调解机制下，讨论的问题包括探视权、儿童抚养、父母亲责任分配、旅行安排、经济安排和信息交流等。

公约调解的范围较之诉讼比较宽泛，讨论的议题较多并且较为详细。然而，应当注意公约调解是处理海牙公约申请程序的组成部分，必须符合公约要求的快速返还的时间安排。《公约》第 11 条建议的快速交还儿童的时间是自交还程序开始之日起 6 个星期，关于一项公约申请的调解程序必须在限定的时间内进行。国际社会服务组织（ISS）瑞士机构指出，在公约限定的 6 周时间范围内，获得成功的调解很少。然而，有一些调解项目，在这样短的时间内获得了成功。在英国的 Reunite 试点项目下，在法庭休庭过程中开展调解程序，2 天的时间内组织 3 次调解会议，每一次会议最多不超过 3 个小时。美国和德国双边调解计划的设计者估计，一项成功的家庭调解的时间是最短 12~16

小时，最长 2~4 天。在德国和法国双边调解项目中，在可能的情形下以“集中调解”的方式进行调解，例如，利用一个周末的时间，从周五下午一直到周日，完成调解。在调解程序中，适用严格的时间限制以符合海牙公约程序，理想的状态是 2~3 周，但不能超过 6 周。[1]

因而，在一个国际诱拐儿童案件中，在具体决定哪些事项可以包括在调解议题中时，必须注意两个方面：一是讨论为达成持续性的协议解决方案所必要的主题；二是符合公约规定的严格的时间限制要求。即关于调解的范围，必须在交流程序中充分允许当事人讨论所有必要的议题和不能延误可能的返还诉讼之间进行平衡。

---

〔1〕 Sarah Vigers, “Note on the Development of Mediation, Conciliation and Similar Means to Facilitate Agreed Solutions in Transfrontier Family Disputes Concerning Children Especially in the Context of the Hague Convention of 1980”, Preliminary Document No. 5 of October 2006, Hague Conference on Private Int'l Law.

第四章
公约调解适用中的特别问题

国际诱拐儿童案件通常冲突性较高，案件情况比较复杂。相应的，在儿童诱拐公约实施过程中，适用调解程序解决跨国诱拐儿童纠纷通常会面临一些比较棘手的问题。在这些复杂的问题当中，有两方面的问题需要特别加以注意：一是对涉及家庭暴力的公约案件如何处理；二是儿童能否参与调解。长期以来，在以公约诉讼为主导方式的公约实施过程中，关于这两方面问题的争议性一直比较大。以调解程序作为实施公约的手段，同样面临如何处理好这两方面事项的问题。

第一节　涉及家庭暴力的公约调解

声称存在家庭暴力的父母诱拐儿童案件，明显地涉及多方面的存在冲突的权利：被诱拐儿童的权利，失去儿童的留守方父母的权利以及家庭暴力受害者的权利。如何在案件处理过程中，实现这些权利的均衡保护，是儿童诱拐公约实施中面临的一个复杂的问题。

一、国际诱拐儿童案件与家庭暴力

当面对跨国诱拐儿童的指责时，许多诱拐方提出家庭暴力作为辩护理由。尽管其中一些可能被证明是毫无根据的指控，但是许多指控是有根据的，这也正是诱拐方带着儿童离开那个国家的原因之一。调查表明，家庭暴力在跨国诱拐儿童案件中是一种比较普遍的现象。大概 1/3 的公约案件涉及家庭暴力，其中 70%的案件披露了家庭暴力的细节。[1]根据美国的一项调查显示，54%的诱拐儿童案件涉及家庭暴力。留守方有 30%的人承认对其他家庭成员实施过暴力，或者遭到过控告。[2]一项家庭研究显示，母亲很可能会在她或儿童遭受家庭暴力的情况下带走儿童，成为诱拐者。父亲也很可能带走儿童成为诱拐者，而他们通常却是施暴者。[3]

家庭暴力是一种复杂的和具有文化差别性的现象，这种现象超越了性别、种族、年龄和社会经济的界限。[4]家庭暴力的形式有很多种，它包括对身体或心理上的虐待，可以是直接针对儿童的虐待，也可以是对伴侣的虐待。暴力行为的范围从一个单独的偶发性行为，到持续性重复发生的行为。在家庭暴力反复发生的情况下，典型的暴力循环模式通常历经以下几个阶段：（1）对人身的轻微侵犯造成的紧张气氛阶段；（2）暴力升级发生严重的侵害事件；（3）和解阶段，施暴者通常会乞求对方的原谅，并许诺再不会施暴，同时受害者会努力相信对方作

---

〔1〕 Sudha Shetty & Jeffrey L. Edleson, "Adult Domestic Violence in Cases of International Parental Child Abduction, Violence Against Women", Vol. 11 No. 1, pp. 115 ~ 138. (2005).

〔2〕 G. L. Grief & R. L. Hegar, *When Parents Kidnap: The Families Behind the Headlines*, New York: Free Press (1993).

〔3〕 J. R. Johnston et al., "Prevention of Family Abduction Through Early Identification of Risk Factors", Office of Juvenile Justice and Delinquency Prevention, U. S. Department of Justice, Washington, D. C. (2000).

〔4〕 J. Alanen, "When Human Rights Conflict: Mediating International Parental Kidnapping Disputes Involving the Domestic Violence Defense", 40 U. Miami Inter-Am. L. Rev., 64 (2009).

出的保证，有时甚至会觉得自己要对对方的心理状况负责任。面对反复发生的家庭暴力事件，受害者感觉自己陷入了暴力循环的困境，知道暴力情况不会有所改变，想要离开施暴者改变自己的处境，但同时又担心遭受报复性暴力而害怕离开施暴者。受害者这种无助的心理状态是反复性家庭暴力的典型特征。家庭暴力是个非常敏感的问题，一旦跨国诱拐儿童案件中发现存在家庭暴力的情形，需要非常小心地处理。

关于涉及家庭暴力的家庭纠纷是否适于调解这一问题，争议性很大，体现在两个方面：一方面相关的专家学者在理论观点上存在较大的分歧；另一方面，不同国家的立法在这个方面的规定也不相同。

一些专家学者努力推动禁止对所有声称有家庭暴力的案件进行调解，认为总体而言这样的情况就不适宜调解。他们指出调解可能会将受害人再次置于危险的境地。在调解程序中，调解员可能离开施暴者，而此时对于受害者而言无疑是最危险的。基于这样的考虑，这些专家学者认为与施暴者再次接触可能会对受害者带来更为严重的暴力或伤痛。家庭暴力本身具有的某些特性，例如力量压迫性和控制欲等，会对调解过程造成危害，使受害者面临危险或者被迫地接受某种结果。另外，调解作为一种友好解决纠纷的方式，其成功的基础在于双方当事人能友好合作，同时双方具有平等的协商能力，而这些条件在具有家庭暴力的案件中通常是不具备的。家庭暴力的受害者在面对施暴者时，通常不敢主张他们自己的利益，这必然导致产生不公平的协议结果。因而即便适用调解，通常也不会成功。一些反对在家暴案件中适用调解的专家学者甚至指出，在具有家庭暴力情形的案件中适用调解，是对家庭暴力的合法化而不是惩罚施暴者。

与这些推动在涉及家庭暴力的家事纠纷中禁止适用调解的

学者观点相反，也有许多专家学者反对在涉及家庭暴力的案件中总体性地排除调解的适用。他们提出，对于存在家庭暴力的案件，完全可以由在这方面受过良好训练的专业人员进行调解，他们知识丰富，可以胜任解决此类案件。另外，不同的案件中家庭暴力的情况差异性很大，是否适宜调解关键是要对个案进行评估。经过评估，一些案件可能适宜调解，而一些则必须由法院处理。实践中还可能存在一种情况，家庭暴力的受害者在充分获取到关于调解程序的信息的前提下，在作出选择的时候，受害者可能希望参加对于纠纷化解有益的调解程序。受害者选择参与调解程序是个人的权利，在能确保当事人安全的前提下，受害者的这一期望应当被尊重。如果对受害者在调解过程中的人身安全表示担忧，可以通过选择合适的调解方式避免当事人直接会面来解决这一困境。例如，可以选择间接调解方式，由调解员在当事人之间穿梭调解，或者是以电话、视频或网络会议的方式进行调解。关于涉及家庭暴力的家事纠纷是否适用调解，除了专家学者在观点上存在分歧，不同国家的立法规定也不相同。一些国家的法律明确规定，在有证据表明存在家庭暴力历史的情况下，禁止在涉及儿童的家事纠纷中使用调解，或者在这样的案件中使用调解必须符合一定的条件。〔1〕

可见，跨国诱拐儿童案件中涉及家庭暴力的情形比较普遍。而对于涉及家庭暴力的家事纠纷是否适宜调解，争议和分歧比较大。在此背景下，讨论在国际父母诱拐儿童纠纷中当诱拐者一方提出其是家庭暴力的受害者作为辩解理由时，是否可以适用调解程序的问题之前，首先考察海牙公约诉讼程序中对涉及家庭暴力的国际诱拐儿童案件的处理情况，可能是有益的。

---

〔1〕 H. Joyce, "Mediation and Domestic Violence: Legislative Responses", 14 J. Am. Acad. *Matrimonial Law*, 451 (1997).

二、公约诉讼对涉及家庭暴力案件的处理

对涉及家庭暴力的国际诱拐儿童案件，接受公约申请的中央机关或法院，在必要的情况下会为当事人提供保护措施。在诉讼程序中，法院将家庭暴力作为公约规定的“重大危险”的考察事项，并依据家庭暴力的具体情形作出是否构成交还儿童例外的裁定。

（一）对当事人提供保护措施

当发生跨国诱拐儿童的情况，根据海牙《公约》第7条第2款第（2）项的规定，中央机关有义务通过采取或推动采取临时措施阻止对该儿童或利害当事人的进一步损害。因此，如果跨国诱拐儿童案件中存在家庭暴力的情形，例如存在诱拐方父母会伤害儿童的风险，中央机关根据相关缔约国对其的授权，可以采取临时措施或敦促主管机关采取临时措施保护儿童。海牙公约的这一规定与1996年《海牙国际儿童保护公约》第11条的规定一起发挥着作用。该条规定，在紧急情况下，该儿童所在地的缔约国机关有权采取必要的保护措施。

然而，在绝大多数跨国诱拐儿童案件中，家庭暴力的指控针对的不是诱拐方而是留守一方父母。被请求国接受公约申请的中央机关或法院，会根据该国的程序法对诱拐方父母或者儿童的安全风险进行必要的处理。根据案件所涉家庭暴力的情节或程度，中央机关或者法院采取的措施可能是不同的，例如避免将家庭暴力受害者的居住地泄露给对方，或者确保不会发生受害者在没有人陪伴的情况下与施暴者会面的事情。

（二）家庭暴力可能构成返还儿童的例外

《公约》第13条第1款第（2）项的规定，交还儿童将存在使该儿童遭受生理或心理上的伤害，或致其处于无法忍受的境

地的重大危险（grave risk），则被请求国的司法或行政机关无义务作出交还该儿童的裁定。根据该规定，在决定是否构成返还儿童的例外时，家庭暴力的指控很可能会发生作用，例外可能成立。在对“重大危险”的考察事项上，家庭暴力是近年来公约国际司法实践中特别关注的。

家庭暴力给儿童带来的伤害是多方面的，包括直接的生理上的伤害，以及心理上遭受的创伤。绝大多数法院认为如果儿童的身体遭受伤害，例如被殴打或者被性虐，符合公约规定的“重大危险”的返还例外。〔1〕但是，在暴力行为不直接针对儿童，例如母亲遭受到父亲的家庭暴力，对儿童造成潜在的心理伤害时，是否构成公约规定的“重大危险”而可以拒绝返还儿童，不同国家在这方面的态度有分歧。海牙诱拐公约在起草时，典型的诱拐者被认为是不享有监护权的父亲，家庭暴力问题在公众视野中并不突出。然而，现在多数诱拐儿童的是享有监护权的母亲，其中很多是为了躲避或者声称躲避家庭暴力。在对方根据公约提出交还儿童的申请时，这些逃离的母亲们通常会根据《公约》第13条第1款第（2）项的规定，请求法官拒绝交还儿童，以避免给儿童带来伤害的重大危险。〔2〕早期的许多公约案件中，受诉法院对不直接针对儿童的家庭暴力进行解释时，会认为这不属于公约规定的“重大危险”。〔3〕明确地表明，

〔1〕 Sharon C. Nelson, “Turning Our Backs on the Children: Implications of Recent Decisions Regarding the Hague Convention on International Child Abduction”, 2001 U. Ill. L. Rev., 677 (2001).

〔2〕 Noah L. Browne, “Relevance and Fairness: Protecing the Rights of Domestic-Violence Victims and Left-Behind Fathers under the Hague Convention on International Child Abduction”, 11 Duke L. J., 93 (2011).

〔3〕 Nunez-Escudero v. Tice-Menley, 58 F. 3d 374, 376-77 (8th Cir. 1995); Croll v. Croll, 66 F. Supp. 2d 554, 561-62 (S. D. N. Y. 1999); In re Walsh, 31 F. Supp. 2d 200, 204 (D. Mass. 1998) (Walsh I).

《公约》第13条第1款第（2）项规定的例外情形，仅适用于针对儿童，而不是父母。[1]在今天的一些案件中，如果没有证据表明儿童直接遭受到伤害，即使有明显的证据表明夫妻之间有严重的暴力伤害，法院也会拒绝适用重大危险的例外情形，因为儿童本身没有遭到虐待。[2]然而，批评者指出，儿童目睹家庭暴力的发生，或者长期生活在家庭暴力的环境下，对其心理的伤害是极其严重的。[3]受这种观点的引导，在许多公约案件中，受诉法院认为，只要存在家庭暴力，不管是否直接针对儿童，都可能构成对儿童身心伤害的重大危险。例如，美国法院近年来处理的一些案件明显体现出这方面的倾向。[4]

因而，不仅只是虐待儿童的情况，针对诱拐方父母的家庭暴力行为也会对儿童造成间接影响，这些都构成《公约》第13条规定的"重大危险"的情形。然而，关于"重大危险"的返还例外，也应当在海牙诱拐公约寻求返还儿童的目的下，作出限制性的解释。对那些指控存在家庭暴力的公约案件，法院在判定是否符合"重大危险"的情形而相应作出是否构成返还儿童的例外裁决时，除了要依据案件的具体情况，还取决于是否安排有保护措施，确保儿童以及诱拐方安全返回其惯常居住地

〔1〕 Nunez-Escudero, 58 F. 3d at 376-77; Croll, 66 F. Supp. 2d at 561-62; Walsh I, 31 F. Supp. 2d at 204.

〔2〕 Sharon C. Nelson, "Turing Our Backs on the Children: Implications of Recent Decisions Regarding the Hague Convention on International Child", U. Ill. L. Rev. 669 (2001).

〔3〕 Spencer Eth, "Post-Traumatic Stress Disorder in Childhood", in Handbook of *Child and Adult Psychopathology* 263-74 (Michel Herson & Cynthia G. Last eds., 1990); Kym L. Kilpatrick et al., "Post-Traumatic Stress Disorder in Child Witnesses to Domestic Violence", 67 Am. J. *Orthopsychiatry* 639-44 (1997).

〔4〕 Baran v. Beaty, 526 F. 3d 1340, 1346 (11th Cir. 2008). Tsarbopoulos v. Tsarbopoulos, 176 F. Supp. 2d 1045, 1057 (E. D. Wash. 2001). Van De Sande v. Van De Sande, 431 F. 3d 567, 570-71 (7th Cir. 2005).

国家。尽管海牙国际诱拐儿童公约处理的是被诱拐儿童的交还问题，但是关于诱拐方的安全返回，通常也是受理海牙公约诉讼的法院必须要考虑的问题，特别是在诱拐方作为年幼儿童主要照顾人的情况下。如果法院裁决返还儿童，而诱拐方又不能一起返回，这会导致儿童与其主要照顾人分开，也会对年幼的儿童造成伤害，因而安排诱拐方的安全返回也是裁决返还儿童的必要条件。

公约诉讼程序中，在能证明由于家庭暴力，交还儿童会使其遭受生理或心理上的伤害，或致其处于无法忍受的境地的重大危险的情况下，受理返还儿童申请的法院则无义务裁决返还儿童。在欧盟，与《公约》第 13 条第 1 款第（2）项的规定协同适用的还有《布鲁塞尔条例Ⅱa》第 11 条第（4）项的规定。根据该条规定，如果证实为确保儿童返还后的安全已经作出了充分的安排，法院则不能根据 1980 年海牙《公约》第 13 条第 1 款第（2）项的规定拒绝交还儿童。在多数案件中，法院作出拒绝交还儿童的裁决最终会导致监护事项管辖权的转移，即从儿童原惯常居住地国家转移至儿童新的惯常居住地国家。

海牙诉讼程序中处理家庭暴力的指控是一个非常敏感的问题，特别是考虑到案件的许多方面，很难全面地予以概括。审查儿童诱拐公约实施情况的第六次特委会强调，受诉法院应当在遵守公约确保迅速和安全交还儿童的前提下，对《公约》第 13 条第 1 款第（2）项规定的重大危险例外的证据评估和裁决，包括家庭暴力的指控享有自由裁量权。同时，特委会建议采取措施推动对公约该条款解释和运用的一致性。

总之，采用公约诉讼程序处理涉及家庭暴力的案件，是在遵守儿童诱拐公约旨在实现迅速交还儿童的前提下，在综合考虑各方当事人利益的基础上，对家庭暴力受害者的利益保护有所侧重。通常，跨国诱拐儿童案件中，家庭暴力受害者的利益与儿童的利益息息相关，对家庭暴力受害者的侧重保护实质上构成对儿童利益的特别关注，这无疑符合儿童诱拐公约旨在寻求保护被诱拐儿童利益的最终目的。

三、公约调解对涉及家庭暴力案件的处理

与公约诉讼程序对涉及家庭暴力案件的处理原则一致，调解程序也应当在遵守儿童诱拐公约确保迅速交还儿童的前提下，结合案件的具体情况，综合考虑各方当事人尤其是家庭暴力受害者的利益。公约调解应当首先对案件是否适宜调解进行评估，在调解过程中，采取必要的保障措施保护家庭暴力受害者的人身安全。

（一）进行调解适当性评估

在国际诱拐儿童案件中，出现当事人指控对方存在家庭暴力的情况，对该案件是否适宜使用调解程序，必须首先进行调解的适当性评估。由于家庭暴力案件具有复杂性与敏感性，在作出评估时，许多方面需要非常仔细地考虑。

首先，需要有合格的评估人员。关于调解适当性评估的人员组成，根据不同管辖区域内提供调解服务的具体组织方式的不同，可能是提供调解服务或与其相关的人员，还可能是中央机关工作人员、另外的中央机构人员或者是法院的法官。但不论是谁，对涉及家庭暴力的案件进行调解适当性评估的人员，必须在这之前接受过相应的专门培训，不仅具备相关的知识，最好有较为丰富的经验，能够充分认识该类案件的特殊风险。

其次，综合考虑案件的具体情况。在评估一个涉及家庭暴力的案件是否适合于调解时，需要仔细审查案件的情况，特别要考虑的因素包括：（1）家庭暴力的严重程度和发生频率；（2）家

庭暴力的受害对象；(3) 暴力的行为方式；(4) 当事人的身体和心理健康情况；(5) 施暴者对调解可能的反应；(6) 当事人是否有代表等。除了考察这些与案件及当事人相关的因素外，在对涉及家庭暴力案件进行调解适当性评估时，还要结合不同的管辖区域对调解的相关制度安排进行考虑。例如是否有可用的专门为家庭暴力案件设计的调解程序，以及可用的调解服务如何解决当事人的安全问题等。另外，应当注意，在许多国家，调解员在对案件的调解适当性的评估过程中，以及可能的后续的调解过程中，如果掌握了施暴者某些可能构成犯罪的信息，例如对儿童的性虐等，他有义务向相关的主管机关，例如警察和儿童保护机构等报告。尽管调解应当遵循保密性原则，但家庭暴力涉及犯罪的情况构成该原则的例外，调解员有义务揭发犯罪行为。

最后，即使在一桩跨国诱拐儿童案件中，当事人没有提出家庭暴力的指控，对案件的调解适当性评估也应当考虑特定案件中可能存在的家庭暴力情形。

总体而言，在这类涉及家庭暴力的公约案件中，诱拐者通常是作为儿童主要照顾人的母亲，她是家庭暴力的受害者。[1]在许多情况下，尽管母亲指控存在家庭暴力，但也希望进行调解。在某些管辖区域内，为跨国诱拐儿童案件创建的调解机制下，家庭暴力并不会成为障碍案件适用调解的因素。例如，在英国 Reunite 项目下，当事人一方声称存在家庭暴力并不会对案件进入调解程序造成妨碍，也不会影响当事人之间达成谅解备忘录。但是，Reunite 项目会提醒有关部门对此类案件进行风险

〔1〕 Dana Beth Finkey, "The Hague Convention on the Civil Aspects of International Childhood Abduction: Where Are We, and Where Do We Go From Here", 30 Hastings Int'l & Comp. L. Rev., 509 (2007).

评估，并采取适当的措施帮助和保护当事人，让其感受到调解程序的安全性。[1]

（二）采取必要的保障措施

对涉及家庭暴力的跨国诱拐儿童案件，在经调解适当性评估后，如果认为可以适用调解程序解决，则相关的程序随之启动。但是，相关的调解机构应当结合案件的具体情况，采取必要的保障措施，绝不允许因为调解程序的适用，而置任何人的生命或安全于危险的境地，特别是家庭暴力的受害者，或者其他家庭成员以及调解员。

不论是在调解过程中，还是只是作为调解程序启动前的准备性会议，如果需要当事人直接会面，都必须确保在安全的前提下进行。一般情况下，采取措施避免当事人在无人陪伴的情况下直接会面，就足以起到防范安全风险的作用。例如，组织调解的相关机构和人员可以安排当事人分别在不同的时间到达和离开调解地点，避免当事人在往返调解地点的路上不小心碰到。为安全起见，组织调解的机构还可以采取进一步的措施，例如在举行调解会议的房间里安装紧急情况按钮。应当注意，在调解会议过程中，绝不允许调解员离开当事人而使双方有独处的机会。而要避免在调解过程中给当事人留下独处的机会，采用单独调解的方式可能就难以适应这方面的需求。此时，如果采用合作调解的方式，由两个经验丰富的调解员一起合作完成调解工作就可能解决这个问题。在调解过程中，不管出于什么原因，在一个调解员需要暂时离开当事人的情况下，合作调解方式能确保还有一个调解员和当事人待在一起。另外，两个经验丰富的调解员一起在调解现场，这对于家庭暴力的受害者

〔1〕 The Reunite International Child Abduction Centre, "Mediation in International Parental Child Abduction", 53, Oct. 2006.

而言会感觉更加安心，从而能有效地帮助当事人缓解紧张的气氛。当然，在合适的情况下，也可以考虑安排其他人，如律师或愿意提供帮助的志愿者在场。在某些特殊情况下，根据案件的具体情形，调解程序的顺利开展可能还需要有国家相关机关的支持。一般来说，调解机构与司法和行政机关的密切合作有利于避免调解过程中可能出现的安全风险。

如果相关管辖区域内提供的调解服务，没有把握消除当事人直接会面可能引发的相关安全风险，或者当事人直接会面因为其他原因证明是不适合的，在这些情况下，应当考虑适用间接调解的方式。即通过调解员与各方当事人分别单独会面进行调解，或者是考虑借助通讯方式，例如视频会议、电话联络或是网络交流等技术措施完成调解过程。正如某些学者提出的建议，使用技术手段调解能解决家庭暴力情形下调解过程中可能出现的问题。与被指称存在家庭暴力的一方保持安全的距离，有助于受害方明确大胆地表达他的想法、担忧和观点。[1]

在调解过程中，除了建立保障措施避免为当事人或调解员带来的安全风险之外，还应当采取措施保证调解过程不会因为双方协商力量的不对等而受到损害。这就需要由受过专门训练的、经验丰富的调解员进行调解。总的来说，为涉及家庭暴力的公约案件提供调解服务的调解员，需要适应每一个不同案件提出的特别挑战，充分注意以及仔细识别家庭暴力的迹象，或者是将来可能发生暴力的风险，包括在当事人一方没有指控对方家庭暴力的案件中，调解员也必须准备采取一些必要的预防措施。除此之外，调解员还需要考虑与后续执行调解协议相关的安全问题等。

---

〔1〕 Melissa A. Kucinski, “The Pitfalls and Possibilities of Using Technology in Mediation Cross-Border Child Custody Cases”, J. Disp. Resol., (318) 2010.

相关国家，例如儿童被诱拐前的居住地国家，以及儿童被诱拐至的国家，为保护父母和儿童可能采取的一些保护措施的信息，应当在调解过程中向当事人告知。中央机关或国际家事调解的中央联络处可以帮助提供这些信息。此外，关于缔约国在这方面采取的一些保护措施，通过1980年公约缔约国简况获取这些信息也是一个有效的途径。

总之，跨国诱拐儿童案件中出现或可能出现家庭暴力的情形，并不因此就排除公约调解的适用，而是应当结合案件的具体情况，谨慎地对案件是否适宜调解进行判定。对于最终认定适宜适用调解程序的案件，组织调解的相关机构和人员应当保持高度的警觉性，为避免可能出现的安全风险采取一切必要的保障措施，保护家庭暴力受害者的人身安全，以此保障公约调解的顺利适用，推动儿童诱拐公约的有效实施。

第二节　儿童对公约调解的参与

公约调解的结果涉及是否返还儿童，以及可能的父母亲关于监护权和探视权的分配问题，这些都会对相关的儿童造成直接影响，因而调解需要考虑儿童的利益和福祉。虽然公约调解不是一种指令性的程序，调解员只是为当事人之间进行有效沟通提供便利，让他们自己解决冲突，但是调解员应当提醒父母亲对儿童利益的重点关注。例如，根据欧洲委员会家事调解建议案 No. R（98）的规定，调解员应当对儿童的福祉和最佳利益予以特别关注，应当鼓励父母亲将重点放在儿童的需要上，应当提醒父母亲其对儿童福祉所负的主要责任，以及需要通知和听取他们孩子的意见。另外，马耳他程序建立的调解框架也承认这一点，规定调解员需要帮助父母亲达成考虑儿童利益和福祉的协议。在调解过程中，考虑相关儿童的利益和福祉并不只是对儿童权利的重视，在涉及赋予调解协议以法律效力时，它也是具有决定性的。因为在许多国家，关于父母亲责任达成的协议需要经过法院批准，而法院批准的重要要求就是协议内容需要符合相关儿童的最佳利益。

然而，公约调解程序中考虑儿童的利益和福祉与儿童参与公约调解，并不是等同的问题。为儿童利益与福祉考虑，相关儿童能否直接参与公约调解程序？如果可以，儿童在调解过程中发表的意见能在多大程度上影响公约调解的结果？在考虑儿童是否应该和在多大程度上能够参与公约调解程序之前，考察海牙公约诉讼程序和国内家事诉讼程序中儿童的参与情况无疑是有帮助的。尤其在使调解协议具有法律约束力和执行力方面，必须考虑相关法律体系在保护儿童利益方面建立的标准。

一、国内家事调解中儿童的参与

根据儿童在调解中的作用，国内家事调解有两种模式，一是“关注儿童”（child-focused）模式。这种模式下，虽然强调在调解中保护儿童的权利和利益是父母亲的职责所在，但通常并不要求听取儿童的意见。二是“儿童参与”（child-inclusive）模式。这种模式能积极地推动和鼓励父母亲倾听儿童的意见，通常调解员或其他专业人员单独地与儿童会面，倾听他的意见并将其反馈给父母亲。应当说，这两种模式都注重保护儿童的利益，因而它们之间的不同不在于政策上的改变，而是侧重点的变化。目前在多数国家，国内家事调解中主要采用的是前一种模式。〔1〕

---

〔1〕 Sarah Vigers, *Mediating International Child Abduction Cases: The Hague Convention*, Hart Publishing, UK, 2011, p. 76.

关于国内家事调解中更愿意选择“关注儿童”的模式，很少直接听取儿童意见的原因，主要为以下几个方面：第一，从父母亲的角度来看。调解作为法律诉讼的一种替代性纠纷解决方式，其最重要的特点在于鼓励和推动当事人的意思自治，由当事人对其家事纠纷作出私人裁定。而如果要求父母亲在调解中听取儿童的意见，这可能会与当事人的意思自治产生冲突，因为听取儿童的意见可能会削弱父母亲对决定的控制权，而这恰恰与调解的主要原则相冲突。第二，从儿童自身的角度来看。在家事纠纷解决过程中，通常把不让儿童在现场当作是对其权利和利益的实质上的保护。确实，应当承认，在家事纠纷中让儿童发表意见会将其置于易遭受到伤害的境地。因为儿童依赖于他们的父母亲，如果他们的意见与父母亲不同，可能会对儿童造成伤害。当儿童表达了自己的意见却没有反映在后续的父母亲协议中的时候，可能会造成父母与儿童亲情关系方面的紧张。另外，由于纠纷所属的家事性质，在调解过程中要求儿童发表意见，往往会增加儿童的心理负担。例如，当儿童被要求在父母亲之间作出选择时，其心理承受的压力和心灵上的创伤是不可避免的。最后，儿童发表的意见还有可能对儿童本身造成影响，包括可能因此受到父母亲的排斥或遭受惩罚。

可见，对来自父母和孩子两方面的担忧造成了在国内家事调解中很少听取儿童意见的情况。然而，一方面，通过在调解程序中采取必要的措施，上述担忧的问题都有可能予以解决，另一方面，应当注意，实践中许多儿童有参与调解表达其意见的强烈愿望。事实上，对儿童参与调解模式的效果调查显示，儿童参与调解会带来许多积极的利益，有助于未来父母亲协议的顺利履行。例如，早期的一份对儿童参与调解的调查研究报告表明，28 个被调查儿童中有 25 个表明他们从参与调解中获得了益处，尤其多数孩子提到了在与父母亲沟通方面的改善。15个被调查的父母亲中有13个也对儿童参与调解持积极的态度，并且多数人都认为儿童参与调解最大的利益在于改善了和儿童的沟通，建立起较为理想的探视协议。[1]最近的一份关于比较关注儿童模式与儿童参与模式的实证调查研究表明，对于儿童和家庭而言，儿童参与调解能带来更为广泛的利益。包括：对儿童需要的明确关注；增强儿童对情况的了解；儿童与父母亲之间沟通的改善；促进父母亲之间达成一致意见；父母亲协议质量的显著提高等。[2]截至目前，最为重要的一份研究结果是澳大利亚一个超过一年的实证调查，该调查比较了儿童参与调解与关注儿童调解模式的结果。[3]结果表明，通过儿童参与调解的方式，父母子女之间的关系以及心理状态方面有了较大的改善，这些尤其影响父亲和孩子们的关系。调解达成的父母亲协议显著地具有持续性效用。关注儿童的调解模式下，调解后一年内提起新的法律诉讼的概率是儿童参与调解模式的近2倍。

上述这些研究结论的公开，伴随着全球范围内儿童权利意识的增强，必定会对国家在家事调解程序中是否听取儿童意见方面的态度带来深刻的影响，更多地推动儿童参与模式在国内家事调解中的应用。

---

〔1〕 F. Garwood, "Children in Conciliation: The Experience of Involving Children in Conciliation", 28 *Family and Conciliation Courts Review*, (50) 1989.

〔2〕 J. Goldson, "Hello, I'm a Voice, Let Me Talk: Child-inclusive Mediation in Family Separation", *The Families Commision Innovative Practice Report* No. 1/06, December 2006, p. 7.

〔3〕 J. McIntosh, "Child-Focused and Child-Inclusive Divorce Mediation: Comparative Outcomes from a Prospective Study of Postseparation Adjustment", 46 *Family Court Review*. (113~114) 2008.

二、公约诉讼中儿童的参与

关于公约诉讼中儿童的参与问题，在长期以来的公约诉讼实践中，不同缔约国的看法和做法存在很大的不同。然而，考虑到儿童诱拐公约旨在寻求迅速交还儿童的主要目的，许多缔约国在关于给儿童表达意见的机会以及听取儿童发表的意见方面，态度几乎倾向于一致，即通常都会给予非常严格的限制。然而，随着全球范围内儿童权利保护意识的增强，特别是受到联合国儿童权利公约的影响，这一现象正在发生着改变。

（一）儿童有权在诉讼中发表意见

在海牙国际诱拐儿童公约条文中，唯一涉及听取儿童意见的是第 13 条第 2 款。根据该条款规定，如果发现儿童拒绝被交还，并且其年龄和成熟程度均已达到应对其意见予以考虑的程度，司法及行政机关也可作出拒绝交还该儿童的裁定。

对海牙《儿童诱拐公约》第 13 条第 2 款的解读，最初与公约第 4 条有关公约适用的年龄范围密切相关。首先，公约适用于所有 16 周岁以下的儿童，与此同时起草者认为年龄较大的青少年已经是一个独立的主体，具有自己的主见，因此很难违反他反对被交还的意志而要求其返回。类似的情形也经常出现在不满 16 周岁的青少年身上。[1]公约解释报告列举了一个 15 周岁儿童的例子，如果其反对被交还，违反其意志实现交还是非常困难的。再者，起草者注意到这样一种情况，根据某些国家的法律，儿童有自由选择其住所的权利，在这种情况下，公约将无法适用。因此，起草者决定，法院应当保留考虑儿童意见

---

〔1〕 Elisa Perez-Vera, “Explanatory Report of the Convention on the Civil Aspects of Child Abduction”, *Acts and Documents of the XIVth Session*, Volume I, 1982. p. 30.

的自由裁量权。[1]通过这种方式，公约给予儿童在诉讼程序中阐述他们自己利益的可能性，对直接影响其福利的事项，给予儿童表达他们自己观点的机会。

然而，时至今日，海牙《公约》第13条第2款被越来越多地在儿童权利的范围内予以解读。自海牙《国际诱拐儿童民事方面的公约》于1980年诞生以来，国际法发生了巨大的变化，尤其在儿童权利保护领域法律发展很快。今天，儿童已被确认为具有独立的人权，包括自我表达的权利。1989年联合国大会通过《儿童权利公约》（UNCRC），该公约第12条规定，缔约国应确保有主见能力的儿童有权对影响到其本人的一切事项自由发表其意见，对儿童的意见应按照其年龄和成熟程度给以适当的看待。为此目的，儿童特别应有机会在影响到儿童的任何司法和行政诉讼中，以符合国家法律的诉讼规则的方式，直接或通过代表或适当机构陈述意见。UNCRC所确立的该项关于儿童权利和利益方面的原则几乎获得了全球范围内的一致性的认可。普遍认为，即使是非常年幼的儿童也有自己的意见，因此UNCRC第12条的规定有着广泛的适用范围。儿童的年龄和成熟度本身并不构成是否应当听取儿童意见的条件，而仅仅只是与关于在多大程度上听取儿童意见有关。

受到UNCRC第12条的影响，1996年《海牙保护儿童公约》第23条第2款第2项规定，除紧急情况外，如果缔约国机关在司法或行政程序中，违反被请求国程序的基本原则，在未有机会听取儿童意见的情况下采取的措施，被请求国可以拒绝承认。此外，在司法程序中听取儿童的意见，保护儿童权利的观点也

---

〔1〕 Rania Nanos, "The Views of a Child: Emerging Interpretation and Significance of the Child's Objection Defense Under the Hague Child Abduction Convention", 22 Brook. J. Int'l L., (443~444) 1996.

为许多其他区域性公约和法案，例如2000年生效的行使《儿童权利欧洲公约》和2005年适用于除丹麦外所有欧盟成员国的《布鲁塞尔Ⅱa》条例等所认可。在此背景下，许多人认为，对海牙《公约》第13条第2款的解读应当反映儿童权利的增长和尊重儿童对他们的未来表达自己意见的需要。[1]这种观点在公约缔约国国家简况所提供的信息中有所体现，审查公约运行的特别委员会第六次会议上对此还予以了讨论。对缔约国在公约诉讼程序中不论当事人是否引用第13条第2款的抗辩理由，根据儿童的年龄和成熟程度，法庭都全力支持给予儿童表达意见的机会的做法，特委会表示欢迎。特委会同时也承认，考虑儿童的年龄和成熟程度，以一种适合的方式告知儿童案件的进展过程和可能的结果的必要性。

另外，尽管公约中没有明确指明，儿童发表的意见还有可能与构成其他返还例外的情形相关，尤其是基于《公约》第12条第2款和第13条第1款第（2）项的规定。[2]总之，根据儿童诱拐公约的规定，儿童有权在公约诉讼中发表意见，其意见可能构成公约规定返还儿童的例外，从而可能影响案件的裁决结果。

（二）儿童参与诉讼的方式

在公约诉讼程序中为涉案儿童陈述其意见提供机会，不仅

---

〔1〕 Paul R. Beaumont& Peter E. Mceleavy, *The Hague Convention on International Child Abduction*, Oxford University Press, 1999 , p. 177.

〔2〕 第12条第2款规定：“即使交还程序是在前款所规定的非法转移或滞留期间已满一年后开始，司法或行政机关也应裁定交还该儿童，除非该儿童被证明现已转居于新环境。第13条第1款规定：尽管有前条的规定，但如果反对交还该儿童的个人、机构或其他团体能证明存在下列事实，被请求国的司法或行政机关则无义务作出交还该儿童的裁定：……（2）交还儿童将存在使该儿童遭受生理或心理上的伤害，或致其处于无法忍受的境地的重大危险。”

是海牙公约条款的要求，也符合联合国儿童权利公约对儿童权利和利益的保护要求。然而，从公约实践来看，不同缔约国在法律诉讼中采取的保护儿童权利和利益的路径是不同的，即对于儿童参与公约诉讼方式，或者说法院确认儿童意见的方法，不同国家存在很大的不同。

在一些国家，公约诉讼的法官会直接听取儿童的意见。儿童直接参与一般的庭审过程或是特别的审理过程，在这些情况下法官会单独与儿童会面，或者是在一个社会工作者在场的情况下与儿童交流等。例如在美国，为了弄清楚儿童的意见，审理案件的法官首先会跟儿童面谈，一旦确切获知儿童的意见，法院必须就儿童年龄和心智是否成熟到可以考虑其意见的程度作出判断。通常，法院会就这方面的问题咨询心理学家或相关的专家。[1]在法国，根据《法国民法典》第388条，法官或其指定的人可以听取儿童的意见。

在其他一些国家，儿童则不能直接参与诉讼。儿童的意见可能会由为案件目的与儿童会谈的社会工作者或是心理学家以报告的形式提交法庭。例如，在英国，法官不会直接与儿童面谈，而是由法院命令儿童及家事法庭顾问暨协助服务中心（CAFCASS）的工作人员考察儿童，然后向法院提交调查结论。[2]

可见，在不同的公约缔约国家，允许儿童参与公约诉讼的方式是不同的，可能是直接参与，也可能是间接参与。而且，即使是在允许儿童直接参与公约诉讼的缔约国家之间，关于可以参与诉讼的儿童的最低年龄的看法也是不同的。这涉及《公

〔1〕 Lynda R. Herring, Comment, "Taking Away the Pawns: International Parental Abduction & the Hague Convention", 20 N. C. J. Int'l L. & Com. Reg., 164 (1998).

〔2〕 Rania Nanos, "The Views of a Child: Emerging Interpretation and Significance of the Child's Objection Defense Under the Hague Child Abduction Convention", 22 Brook. J. Int'l L., 451 (1996).

约》第13条第2款关于儿童最低年龄限度的要求。关于儿童的最低年龄限度，公约未给出具体的建议。起初，起草者试图设置一个法院可以考虑儿童意见的最小年龄。[1]然而，起草者未能就此达成一致意见，因为建议任何一个具体的年龄都似乎是武断的和人为的。[2]最终，公约的拟定者一致同意将此问题留待司法机关自由裁量。然而，正是由于海牙《公约》既没有规定最低年龄的界限，也没有就儿童成熟程度给出客观的评价标准，公约实践中法院在因为儿童年龄方面对儿童意见的考虑上存在着较大的冲突，甚至出现了两个极端。

一些国家在公约诉讼程序中传统上不考虑较小儿童的意见，例如美国。纽约州法院在其第一个海牙公约案件 Sheikh v. Cahill[3]中，拒绝考虑一个9岁儿童的意见，对此法院只是表述"他只有9岁"。同样的，新泽西州法院在 Tahan v. Duquette[4]案件中，没有任何实质性的分析，就认为一个9岁的儿童还没有达到心智成熟的程度。法院承认公约允许在儿童心智成熟的情况下考虑儿童的反对意见，但是指出，经过法院任命的心理学家的评估，"这一标准根本不适用于一个9岁的孩子"。案件中，主审法官没有与儿童面谈以判定是否应当考虑他的反对意见，上诉法院认为这没有错。事实上，上诉法院指出面谈儿童没有任何意义。法院认为儿童反对条款仅适用于成熟的儿童，因此很明显不适用于一个9岁的孩子。另外，在 In re Nicholson

---

〔1〕 Paul R. Beaumont&Peter E. McEleavy, *The Hague Convention on International Child Abduction* , Oxford University Press, 1999 , p. 179.

〔2〕 Elisa Perez-Vera, "Explanatory Report of the Convention on the Civil Aspects of Child Abduction", *Acts and Documents of the XIVth Session*, Volume I, 1982, p. 30.

〔3〕 Sheikh v. Cahill, 145 Misc. 2d 171, 177 (N. Y. Sup. Ct. 1989).

〔4〕 Tahan v. Duquette, 613 A. 2d 486, 490 (N. J. Super. Ct. App. Div. 1992).

v. Nicholson[1]案件中，堪萨斯州联邦法院法官认为10岁儿童的反对无效，也没有解释为什么。与美国的做法相反，有一些国家在公约诉讼程序中几乎完全接受儿童提出的反对意见，例如德国。只要儿童提出反对意见，德国法院一般就会听取儿童意见作出拒绝交还儿童的裁决，即使儿童只有4岁大。[2]2003年，在德国法院提起的80件公约申请返还儿童案件中，法院对儿童反对被交还的意见都予以了采纳，从而作出拒绝交还儿童的判决。

确实，考察海牙公约诉讼的国际司法实践，会发现不同缔约国在对参与诉讼的儿童的最低年龄的考虑方面不相同，甚至大相径庭。例如巴西法院会考虑一个5岁的儿童对其想居住在哪里的意见，[3]而瑞士法院则认为12岁和14岁的儿童也未成熟到可以决定其居住在哪里。[4]当然，从公约的内容和目的考虑，这样迥异的裁决可能并不代表不同缔约国在适用公约方面一致性的缺乏，而是可能反映出在考虑儿童意见方面以个案为基础的独立适用。由于公约未对最低年龄设限，也未对成熟程度作出客观性的评价标准，因而每个儿童的情况应当在个案中具体考虑。

在诉讼程序中，法官对最终是否适用儿童反对的例外条款具有自由裁量权。法官的自由裁量权体现在两个方面：首先，

---

〔1〕 In re Nicholson v. Nicholson, 1997 WL 446432 (D. Kan. 1997).

〔2〕 Nigel Lowe, International Forum on Parental Child Abduction: Hague Convention Action Agenda 12, finding that in Germany, between 1990 and 1996, in every case in which a child's objection was raised, a return was refused.

〔3〕 Amanda Michelle Waide, "To Comply or Not to Comply? Brazil's Relationship with the Hague Convention on the Civil Aspects of International Child Abduction", 39 Ga. J. Int'l&Comp. L., 280 (2010).

〔4〕 Linda Silberman, "Hague Convention on International Child Abduction: A Brief Overview and Case Law Analysis", 28 Fam. L. Q. 9, 30, citing Rajaratnam v. Rajaratnam-Hertig, Zurich, Switz., July 18 (1988).

法官对儿童是否成熟具有自由裁量权；其次，即使提出有效的反对意见，法院对裁决儿童返回仍然具有自由裁量权。也就是说，即使法院发现儿童足够成熟并提出反对被交还的意见，仍然可以裁决交还该儿童。这样的情形可能发生在法官发现儿童提出反对意见是受到诱拐方的影响时。例如，在 Gaudin v. Remis 案〔1〕中，联邦第九巡回法院强调法院确保儿童的陈述是他或她“本人的，经过慎重考虑的意见”的重要性。

关于《公约》第 13 条第 2 款规定的儿童反对例外条款的适用，由于公约本身没有规定一个客观的标准，这为法院任意适用该条款开了方便之门。另外，被请求国的法院可能会支持诱拐方，因为其通常是这个国家的公民。〔2〕近年来，儿童反对例外条款受到许多专家学者的关注和详细审查。有的学者呼吁扩大适用该条款，也有学者呼吁应当限制适用。许多人批评该条款的适用没有充分考虑儿童的意愿，〔3〕而其他人则认为不能太顺从儿童的意愿，因为其可能对情况是困惑的，本身不成熟，或者是受到诱拐父母的影响。〔4〕但不管怎样，就目前的国际司法实践来看，在可以参与诉讼的儿童的最低年龄方面，法院有广泛的自由裁量权，法院可以决定儿童的年龄和成熟程度是否可以参与诉讼，以及在多大程度上决定采纳儿童的意见。

---

〔1〕 415 F. 3d 1028，1037（9th Cir. 2005）.

〔2〕 Rania Nanos，“ The Views of a Child：Emerging Interpretation and Significance of the Child's Objection Clause under the Hague Convention Abduction Convention”，32 Brooklyn J. Int'l Law，（447） 1996.

〔3〕 Paul R. Beaumont & Peter E. McEleavy，*The Hague Convention on Intenational Child Abduction*，Oxford University Press 1999 ，pp. 201～202.

〔4〕 Jeanine Lewis，“ Comment：The Hague Convention on the Civil Aspects of International Child Abduction：When Domestic Violence and Child Abuse Impact the Goal of Comity”，13 *Transnat'l Law* ，415（2000）.

（三）儿童对公约诉讼的影响

根据《公约》第13条第2款的规定，如果发现儿童拒绝被交还，法院应当结合其年龄和成熟程度对其意见予以考虑。但是否据此作出拒绝返还儿童的司法裁决，由法院自由裁量。据此，在海牙公约诉讼程序中，儿童对公约诉讼结果可能产生影响，但同时存在三个重要的限制性条件：第一，儿童表达的意见仅局限于他明确拒绝被交还；第二，儿童已达到一定年龄和心智成熟的程度；第三，法院对是否听取儿童的意见具有自由裁量权。

对公约该条款的适用，不同缔约国家的做法不同。在一些国家或地区，法院只要认为儿童的年龄合适和心智已足够成熟，就会寻求听取儿童的意见看他是否拒绝被交还。例如，芬兰、德国、立陶宛、罗马尼亚、奥地利、捷克共和国、丹麦和荷兰，以及中国的澳门特别行政区。而在另外一些国家，只有在诱拐方提出适用《公约》第13条第2款的情况下，法院才寻求听取儿童的意见。例如，英格兰和威尔士、塞浦路斯和中国香港特别行政区。[1]虽然这两种方式不同，但都符合公约的要求，没有一定要听取儿童意见的总的义务，而且不同的方式似乎不会影响案件的结果。

在海牙公约诉讼程序中，法院只就跨国诱拐儿童案件中是否交还儿童作出裁决，并不会就案件的实质性问题，例如监护权和探视权等问题进行听审。这些实质性的问题都留待后续的，通常是在儿童惯常居住地国家进行的诉讼中解决。那时法院会对案件进行一个全面的审理，包括在合适的情况下，会听取儿

---

〔1〕"Collated Responses to the Questionnaire Concerning the Practical Operation of the Hague Convention of 25 October 1980 on the Civil Aspects of International Child Abduction", Prel. Doc, No. 2. 2006, pp. 25~107.

童的意见。因而，从某种意义上说，公约诉讼程序其实只涉及法院选择问题，而且公约倾向于由儿童惯常居住地国家的法院管辖监护事宜。因而，公约程序本质上是非常简易的。这种情况下，在儿童意见对公约诉讼产生的影响方面，法院在适用公约时可能存在不同方面的担忧。

其一，儿童的意见不会对诉讼造成任何影响。海牙《国际诱拐儿童民事方面的公约》的宗旨在于就国际范围内保护儿童免受非法转移和滞留的伤害，制定程序以确保迅速交还儿童至其惯常居住地国，并对探视权予以保护。该宗旨反映出海牙诱拐公约一个基本的理念，那就是诱拐行为在整体上会对儿童造成伤害。因此，公约认为总体而言，迅速交还儿童可免除其受到非法转移或滞留的伤害，符合儿童的最佳利益。在这样的背景下，儿童发表的意见必须基于，从儿童的最佳利益出发他应当被返还这样的推定来考量。即在公约诉讼中，一方面为儿童利益考虑应当为儿童提供发表意见的机会，另一方面又要符合无论如何应当返还儿童的公约政策。因而，在多数案件中，儿童的意见可能对于影响最终的案件结果是无效的。[1]

其二，儿童的意见会直接决定诉讼的结果。这种担忧与上述第一种情况正好相反。由于公约诉讼只涉及简易的审理程序，可能儿童的意见会对案件结果产生最直接的影响，造成实际上是由儿童作出有效的最终决定的结果。实际上，由于儿童提出反对被交还的意见，法院经常会要求儿童对他究竟希望和谁居住在一起发表意见，之后法院很有可能从庇护儿童的角度出发作出支持儿童意见的决定。而支持儿童反对被交还的裁决结果，会对儿童和留守方父母之间的关系产生巨大的影响，留守方父

---

〔1〕 R Lamont, "The EU: Protecting Children's Rights in Child Abduction", *International Family Law*, (112) 2008.

母通常只能通过昂贵的和经常是拖延性的跨境诉讼来确保与儿童建立联系。

其三，儿童的意见对诉讼结果不具有决定性而遭到忽视。在公约案件中，儿童发表的意见只与是否构成反对交还相关。在儿童的意见事实上与交还政策一致的情况下，儿童表达了观点却可能遭到忽视。例如，留守一方父母对转移或滞留儿童行为有符合公约规定的明确的同意或默认，此时，儿童希望被交还的意见也不可能推翻父母亲的意图。确实，关于在诉讼程序中听取儿童的意见可能会由于法律的规定，而必须对儿童的意见予以忽视。这会对儿童造成伤害。如果法院寻求听取儿童的意见却最终很少或根本不予考虑，儿童会感觉到沮丧。当然，倾听儿童的意见并不意味着一定要听从他们，但是在儿童强烈地表示反对，或者强烈地希望被返还，却又对诉讼结果不具有决定性的情况下，通常会给孩子带来极大的苦恼。

鉴于上述提出的这些担忧，公约诉讼中在倾听儿童意见方面应当引起一定的警觉，注意在儿童利益、父母亲利益以及公约的法律规定与政策等之间进行平衡。事实上，由于公约诉讼程序通常简易，许多国家并不要求听取儿童的意见。例如，英国法院传统上在公约案件中不愿意听取儿童的意见，以 2003 年的调查结果为例。2003 年，在英格兰和威尔士提起的 142 件公约案件中，只有两起采纳了儿童反对被交还的意见而作出拒绝交还的判决。[1]然而，随着 2005 年 3 月欧盟《布鲁塞尔条例Ⅱ bis》在欧盟成员国案件中的适用，情况发生了改变。欧盟《布鲁塞尔条例Ⅱ bis》第 11 条规定：在适用 1980 年海牙《公约》

---

〔1〕 N. Lowe et al, “A Statistical Analysis of Application Made in 2003 under the Hague Convention of 25 October 1980 on the Civil Aspects of International Child Abduction: Part Ⅱ”, National Report's Prel. Doc, No. 3/2008.

第12条和第13条的时候，应当确保在公约程序中给予儿童表达其意见的机会，除非儿童的年龄和成熟程度对于表达意见是不合适的。英国上议院承认这一规定适用于法院被要求指导快速交还儿童的任何案件，实际上就是适用于每一件公约案件。它建立起一种假设，应当听取儿童的意见除非这是不合适的。上议院进一步表明，听取儿童意见的原则应当广泛应用，以符合英国对联合国《儿童权利公约》第12条规定的义务之履行。同样的，这一规定对其他欧盟成员国也产生了深刻的影响。近年来爱尔兰的判例也呈现出类似的趋势。[1]此外，这条规定的影响似乎还超出了欧盟案件的范围，因为许多涉及欧盟国家的跨国诱拐儿童案件同时也涉及非欧盟成员国家。在欧盟之外的许多国家，受到联合国儿童权利公约的影响，也越来越多地在公约案件中开始倾听儿童的意见。

综上所述，在海牙公约诉讼中，儿童有权参与公约诉讼，根据儿童的年龄和成熟程度，其意见能为法官的裁决提供信息，特别是当儿童拒绝被交还时。尽管不同的公约缔约国在对儿童意见的采纳方面尚存在较大的分歧，但是可以肯定的是，在公约诉讼中，越来越多的国家都尽力给儿童表达其意见的机会。从公约缔约国家简况以及第六次特别委员会的结论和建议来看，许多缔约国的案件也反映出这种意识的增强趋势，甚至在某些复杂的诱拐案件中意识到需要为儿童安排独立的代表。

三、公约调解中儿童的参与

目前的公约调解实践支持关注儿童（child-focused）而不是儿童参与（child-inclusive）的模式，因此，很少有案件在调解

---

〔1〕 A Daly, "Considered or Merely Heared? The Views of Young Children in Hague Convention Cases in Ireland", 1 *Irish Journal of Family Law*, (16) 2009.

过程中听取儿童的意见。即使在德国，在公约诉讼程序中其具有听取儿童意见的传统，即便是对年龄很小的孩子，法院都会考虑其意见。但是在公约调解程序中，德国的实践却几乎很少涉及儿童的参与。然而，儿童参与国内调解的发展和公约诉讼实践中的改变，必然会对儿童参与公约调解程序产生重要的影响。2012 年儿童诱拐公约《调解指南》对儿童参与调解程序予以了确认。

（一）儿童有权参与公约调解

鉴于公约诉讼程序中注意听取儿童的意见，确保儿童权利和利益的维护的做法，在跨国诱拐儿童纠纷的调解程序中，也应当对儿童的权利和利益给予平等的尊重，特别是给予儿童发表意见的权利。这项原则在 2009 年儿童权利委员会就有效实施联合国《儿童权利公约》第 12 条的讨论中也予以了确认。在对儿童陈述其意见的权利作出评论时，儿童权利委员会指出，应当确保儿童在任何影响其权利的司法或行政程序中陈述其意见的权利，在这些程序涉及替代性纠纷解决机制，例如调解和仲裁的情况下，儿童发表意见的权利也需要被尊重。如上文所述，公约调解程序是处理公约申请广泛程序中的一个方面，它是诉讼程序的替代性解决方式，因此，调解程序中需要确保儿童有机会陈述其意见。另外，公约调解的结果涉及是否将儿童返还其惯常居住地国家，以及可能涉及有关对儿童的监护和探视安排，这些无疑将直接影响儿童的权利和利益。因而，儿童有权参与公约调解程序并陈述自己的意见。最后，经过调解程序当事人最终达成的调解协议，通常需要获得法院批准或是转化为法院裁决才具有法律效力，而此时法院通常会审查调解程序中儿童是否给予了听取其意见的机会。或者法院在对其他国家就调解协议作出的同意令考虑予以承认和执行时，会审查调解程序中儿童的意见是否有机会被倾听。在这方面，1996 年《海牙保护儿童公约》和欧盟《布鲁塞尔条例Ⅱbis》允许一个缔约国家拒绝承认另一缔约国的裁决，如果该裁决的作出未有机会听取儿童的意见，当然紧急情况除外。

儿童参与公约调解的作用是多方面的。首先，听取儿童的意见能知悉其感受和愿望，在决定某种解决方案是否符合儿童的最佳利益时，这是非常重要的信息。其次，能让父母亲听到儿童的愿望，帮助他们为达成一项彼此都能接受的一般解决方案而努力，而不再是仅站在各自的立场上考虑自身的利益。最后，儿童的参与尊重了联合国儿童权利公约所规定的听取儿童意见的权利，同时为儿童获知相关信息提供机会。

（二）儿童参与公约调解的方式

在调解程序中是否听取儿童的意见，以及听取儿童意见的方式，某种程度上取决于父母亲对特定程序的协议。调解的一个基本利益是最大程度地降低国家的干预，推动当事人的意思自治。因此，儿童能否参与调解程序要看父母亲的协商意见。相较于法官，在多数国家调解员不具有质问的权力，即，通常调解员不能传唤儿童，或者命令专家与儿童会面并就儿童的情况起草报告。关于听取儿童意见方面，调解员能做的非常有限。他只能提醒父母亲注意考虑儿童意见的重要性，并向父母亲表明，在适用达成的调解协议时可能需要请求法院赋予该协议法律效力和执行力，而此时法院为维护儿童的最佳利益，通常会审查调解协议条款是否充分考虑了儿童的意见。

在调解程序中，一旦父母亲同意听取儿童的意见，调解员应当结合个案的情况，例如儿童的年龄、再次被诱拐的风险以及是否有家庭暴力的历史等，就儿童参与调解的具体方式向父母亲提出建议。一种选择是允许儿童直接参与调解程序，在调解员组织开展的一次或多次调解会议上，儿童可以直接参与其中。还有一种方式是儿童不直接参与调解程序，而是安排相关人员与儿童进行单独会面，并将儿童的意见反馈给父母亲。例如在荷兰，在公约调解程序中，由一个接受过专门培训但并不参加案件调解程序的调解员，与相关的儿童会面并就与儿童的会谈情况提交报告。例如，在英国，Reunite 调解项目的调解员在合适的情况下，会请求受理公约诉讼的法院命令儿童及家事法庭顾问暨协助服务中心（CAFCASS）的工作人员与儿童会面，并就此提交报告，父母亲和调解员亦可获知该报告内容。然而，需要注意的是，与儿童会面的调解员需要受过专业的培训，并确保与儿童的交谈是以一种适当的方式进行。

总之，在公约调解程序中，儿童既可以直接参与调解，也可以间接参与调解。至于选择哪种方式，必须根据个案情况仔细考虑，调解员可以向父母亲提出建议，但最终要由父母亲作出决定。

（三）公约调解中对儿童意见的考虑

不论是直接参与公约调解，抑或是间接参与，儿童都可以陈述其意见。然而，公约调解程序中对儿童意见予以考虑的方式不同于公约诉讼程序。在公约诉讼中，就关系到儿童最佳利益的事项，法官会根据儿童的年龄和成熟程度，对是否听取以及在多大程度上听取儿童的意见作出裁决。而公约调解中，调解员只能提醒父母亲注意考虑儿童的意见，或者是就可能与儿童利益和福祉相关的方面提醒父母亲注意听取儿童的意见。但是，在最终决定调解协议的内容时，是否听取以及在多大程度上考虑儿童的意见，仍然完全取决于父母亲的协商。然而，无论如何需要强调的是，在调解程序中，调解员应当对儿童的利益和福祉予以特别的关注，应当鼓励父母亲重点考虑儿童的需要，在与儿童福利有关的所有方面提醒父母亲他们应履行的主要责任。根据相关的法律制度，调解员可能也需要提醒父母亲法院对协议的批准，取决于儿童的权利和利益是否已获得有效地保护。

总之，为儿童权利和福祉考虑，儿童有权参与公约调解，组织调解的相关机构和人员应当为儿童的参与提供方便。然而，考虑到调解本身的特性，在特定的一起跨国诱拐儿童案件中，儿童能否参与调解、以什么方式参与调解，以及儿童发表的意见对于调解结果是否产生影响和在多大程度上产生影响，都受制于儿童的父母亲。调解员应当提醒父母，不论是从儿童利益保护的角度出发，还是从最终调解协议获得法律效力和在其他国家获得承认和执行的需要出发，都应当考虑听取儿童的意见。但是，调解员的职责只限于提醒父母亲，却不能像公约诉讼中法官那样作出决定。

第五章
公约调解协议的法律效力与执行

对于公约调解的结果，当事人会达成一份调解协议（mediated agreement）并且一般都会遵守。然而，也不能完全排除调解协议达成之后被一方当事人拒绝执行的可能性。为了避免这样的风险，就必须确保公约调解协议具有法律效力和执行力。对此，需要考虑以下几个问题：首先，如何在拟定调解协议时正确认识调解协议的范围，并使之符合适用法的法律要求；其次，如何使调解协议在两个或以上相关的法律体系内取得法律效力；最后，如何使调解协议在所有相关国家获得承认和执行。

第一节　公约调解协议的拟定

当事人通过调解程序达成的协议解决方案，以调解协议的形式予以固定，成为当事人解决跨国诱拐儿童纠纷的依据。公约调解协议依法可以获得法律效力和执行力，但前提是调解协议从形式到内容本身需要符合一定的要求。这就需要在调解协议拟定之时，注意调解协议的形式、内容以及协议内容的准据法问题。

一、公约调解协议的形式

调解协议是一种自愿协议，它是利益冲突的当事人之间为了避免诉讼，或者诉讼已经开始为了避免繁杂的程序而使诉讼尽快结束所达成的协议。[1]国际诱拐儿童案件中，通过调解程序父母亲达成协议，可以避免启动公约诉讼，或者在公约诉讼开始后尽快终结诉讼。

关于调解协议的拟定主体，没有特殊的要求。一旦达成协议解决方案，纠纷当事人会在调解员的帮助下制定出调解协议的细节。然而，在许多案件中，由调解员根据当事人的意愿起草实际的协议或是谅解备忘录。例如，在墨西哥，关于协议的拟定主体方面是灵活的，可以是当事人，也可以是调解员，还可以是律师或公证人。

调解协议具有形式上的要求。根据公约调解指南的规定，调解达成的解决方案应当以书面形式确认，由当事人双方签字。这不仅是确保当事人履行调解协议的依据，也是调解协议获得法律效力和执行力的要求。

二、公约调解协议的内容

根据上文提及的公约调解的范围，国际诱拐儿童案件中当事人达成的调解协议的内容可以涉及多个方面，包括是否交还儿童的条款以及相关的父母亲责任条款。

（一）是否交还儿童条款

《儿童诱拐公约》的目的在于确保迅速交还被非法转移或滞留于任何缔约国境内的儿童，作为公约实施的一种方式，公约调解应当遵循这一目的。因而，关于是否交还儿童是调解协议中首先要列明的内容。调解过程中，父母亲应当首先就是否返还儿童至其惯常居住地国家作出协定。

---

〔1〕 Rafael de Pina and Rafael de Pina Vara, *Diccionario de Derecho*, Porrúa, Mexico, 21st ed. 1995, p. 178.

在调解协议中有关是否交还儿童的条款下，父母亲除了列明返还或不返还儿童的问题，还可以就与此相关的其他问题作出详细具体的约定。例如，如果父母亲同意交还儿童，关于返还的具体程序，包括交通费用的问题、儿童和谁返还的问题，以及儿童返还后暂住哪里的问题，都需要详细地一一列明。如果父母亲同意不返还儿童，仍然可以就儿童居住在哪里以及儿童将和谁居住在一起等问题作出约定。

（二）相关的父母亲责任条款

在调解协议中，当事人可以就与是否交还儿童问题相关的父母亲责任作出约定。内容可能涉及监护权、探视权、儿童抚养等多个方面。例如，在墨西哥，父母亲在通过协议约定父母亲责任时，他们必须确定谁是儿童的法定监护权人，或者达成共同的法律监护安排。如果监护权归父母一方，需要赋予另一方对儿童的探视权。总之，父母亲责任协议的内容必须包括抚养儿童的责任安排，但并不局限于此，还可以包括保障儿童幸福的所有措施，包括教育、假期安排、儿童财产和第三方探视，以及儿童的衣食住行等方方面面。

由于父母亲责任的安排涉及后续协议的履行问题，因而调解协议中涉及的所有权利和责任条款应当尽可能地规定详细，使调解协议具备可操作性，这在确保协议的执行力以及顺利执行方面非常重要。尤其在父母亲居住在不同国家的情况下，跨境履行父母亲责任的约定更需要具有切实的可操作性。例如，在拟定跨境探视协议条款时，应当列明具体的探视日期和时间，包括考虑儿童所在学校的假期安排等。关于实现探视权需要的交通费用最好也列明，尽可能地消除任何可能造成误解的内容，和在使用调解协议时的任何操作上的困难。例如，在某些国际诱拐儿童案件中，留守方父母表示只要能充分保证其对儿童的探视权，就同意儿童与诱拐方待在儿童被诱拐至的国家。在这样的案件中，当事人可能会同意由诱拐方为儿童购买机票，让其在暑假期间到之前居住的国家陪伴留守方父母。此时，对将来的经济能力问题也应当作出约定，以避免未来因为购买机票时的任何困难而造成探视权实现的阻碍。比如，父母亲可以在协议中约定，一方应当在为儿童安排旅行之前，提前存储一定数量的金钱，以确保实现儿童按时去和留守方父母居住的承诺。

应当注意，在一份调解协议中，不论是否交还儿童的条款，还是相关的父母亲责任条款，所有的条款内容都必须考虑要符合儿童的最佳利益。这是《儿童诱拐公约》旨在保护儿童最佳利益原则的要求。

三、协议内容的准据法问题

在跨国诱拐儿童案件中，当事人通过调解程序达成的协议解决方案，通常都需要面临确保该协议在相关的不同国家具有约束力和执行力的问题。因而，在拟定调解协议时，就必须考虑其条款内容的准据法问题。由于调解协议的内容涉及的事项可能是多个方面的，这会使准据法问题变得更为复杂。

（一）不同内容准据法的复杂性

在国际私法上，关于与儿童直接相关的事项，包括监护权、探视权、财产和其他事项的准据法，通常广泛地将儿童“惯常居住地”用作“连结点”。在国际诱拐儿童案件中，儿童的惯常居住地可能发生改变。例如，根据《公约》第 12 条第 2 款的规定，在儿童被非法转移或滞留一年后，儿童可能被证明已转居于新环境。儿童惯常居住地的改变，可能影响关于监护权和探视权等与儿童有关事项的管辖权和法律适用问题，因此就会影响对父母双方权利和义务的法律评价。

在适用调解程序解决国际诱拐儿童案件的过程中，准据法问题发挥着重要的作用。作为解决跨境诱拐儿童争议可行的依据，调解协议中约定的内容需要符合相关准据法的规定。应当注意，在调解程序中讨论解决的某些事项的准据法，不一定就是调解发生地国家的法律。有些情况下甚至存在调解中讨论的不同事项会适用不同国家的法律这样的可能性。例如，在一起国际诱拐儿童案件中，调解在被请求国即儿童被诱拐至或非法滞留的国家进行，适用于儿童监护事项的实体法律规范通常不是被请求国的法律，而很可能是请求国即儿童在被诱拐前惯常居住地国家的法律。当然，不同的案件其法律适用情形可能是不同的。对于某一个具体的跨国诱拐儿童案件，其法律适用情况取决于相关国家实施的国际性、区域性或是双边条约，在没有这样的公约或条约的情况下，则适用相关国家国内的冲突法规则。例如，在一起跨国诱拐儿童案件中，如果相关国家可以适用 1996 年《海牙儿童保护公约》；对监护权实质问题具有管辖权的法院即请求国法院，就可以根据该公约第 15 条的规定，[1]将适用它自己的法律作为一个总的原则。在这种情况下，调解协议的内容只要涉及监护事项和长期的探视安排等约定，就必须符合儿童惯常居住地国家的实体法规定。

至于调解协议中可能约定处理的其他事项，例如儿童抚养或者是离婚扶养等问题，有关管辖权和适用法的规则则会不同。根据具体案件的情况和适用于该案件的国际私法规则，很有可能是法院而不是负责监护事宜的主管机关对扶养事项具有管辖

〔1〕 1996 年《海牙公约》第 15 条规定：“（1）在根据第二章的规定行使管辖权时，缔约国机关应当适用其本国法；（2）但出于保护儿童的人身和财产的需要，缔约国机关可作为例外适用或考虑与案情有实质联系的另一国家的法律；（3）如果该儿童的惯常居住地转移到另一缔约国，从改变之时起，在原惯常居住地国采取的措施的适用条件受该另一国的法律调整。”

权，适用于扶养问题的实体法律规范很有可能不是适用于监护事项的法律规范。在这种情况下，法律适用问题会显得更为复杂。

上述可知，适用调解程序解决国际诱拐儿童纠纷，其中涉及的法律规定非常复杂。另外，在调解过程中，父母一方往往可能没有意识到他正在同意放弃某些权利，或者协议及它的实施在某些事项上可能带来管辖权和准据法的改变。例如，当留守方父母同意诱拐方父母对儿童的重新安置，这迟早会造成儿童惯常居住地的改变，就可能导致许多与儿童有关的事项的管辖权和准据法发生改变。因而，公约调解指南建议，在父母亲正式达成调解协议之前，需要为他们安排一个暂停的时间阶段，让当事人就他们打算同意的事项的整个法律后果，以及他们约定的协议内容是否符合相关的不同法律体系的法律规定等情况，获得专家法律建议。

（二）当事人的意思自治

在家事法领域，不论在国内还是国际层面上，各国越来越重视对当事人意思自治的规定，甚至延伸到了对准据法的选择方面。[1]在调解协议处理的不同事项当中，有一些是可以由当事人任意处置的。例如，关于儿童的居住地、儿童上的学校以及儿童的假期安排等事项。在与儿童有关的事项上，尽管鼓励给予父母亲更多的意思自治，但是依然可能存在对当事人在此领域意思自治的限制，尤其是涉及父母亲责任的时候。例如，关于对儿童的探视权和监护权协议，当事人的意思自治可能受到限制，法律可能规定对任何这样的协议内容必须经过法院批

---

〔1〕 The Permanent Bureau, "Report on the Expert's Group on Cross-Border Recognition and Enforcement of Agreements in International Child Disputes and Recommendation for Future Work", Prel, Doc, No. 5, March 2014.

准，以确保儿童最佳利益之维护。另外，关于抚养儿童的决定，一些法律体系对父母亲不承担抚养儿童责任的协议能力作出限制。有关涉及儿童的事项，父母亲在哪些方面享有完全的意思自治权，而在哪些方面意思自治受到相应的条件限制，取决于不同管辖区域在这方面的法律规定。

总之，在公约调解程序中，对当事人而言最重要的是，其拟定的调解协议中的各项内容都应当符合准据法的要求，以便该协议在所有相关的国家都能够获得法律效力。在这方面，调解员应当提醒当事人，关于相关法律体系对调解中讨论的各项事项的法律适用问题，可能需要咨询其法律代表，或者听取相关法律专家的意见和建议。虽然给予当事人法律建议显然不是调解员的任务，但是他可以向当事人谈及相关的国家或国际法律制度。当事人就其达成的协议解决方案，应当是在充分知情的前提下作出的，即，他们需要充分意识到他们的权利和义务，以及他们的决定会带来的法律后果。在任何情况下，调解员应当提醒当事人注意在完成调解协议的起草工作后，建议并允许当事人在最终签署协议之前留有一定的时间进行考虑。当事人可以利用这段时间就其协议内容的准据法问题进行一些必要的法律调查。

最后，由于跨国诱拐儿童案件属于国际家事纠纷，而通常涉及跨国家事纠纷的法律规定都非常复杂。因此在调解程序中，调解员必须提醒当事人在拟定调解协议时注意获取专业法律信息，这对于调解协议在相关国家获得法律效力方面非常有帮助。同时，当事人应当及时获知取得专业法律信息的途径。关于这个方面的信息，可以由缔约国中央机关或国际家事调解中央联络处向当事人提供，亦可以由当事人雇用的律师提供。在仅一方当事人有律师的情况下，调解员需要提醒另一方当事人获取法律信息的必要性。调解员自身也可以向当事人提供某些法律信息，但是调解员不能给予其任何法律建议。

第二节　公约调解协议的法律效力

作为一种持续性的解决国际诱拐儿童争议的依据，当事人通过调解程序达成的任何协议解决方案，都应当符合有关国家的法律要求，并且都必须在开始实际执行之前，在相关的国家取得法律约束力和执行力。这些对于调解而言是至关重要的。尤其在协议内容涉及父母亲责任的跨境实施时，调解协议在两个或所有相关法律体系内具有执行力就非常关键。通过这种方式，不仅可以保障儿童免受未来可能的再次诱拐，或者由于一方不遵守协议带来的其他伤害，最重要的是，调解能克服相关国家不同法律制度冲突的情况。因为，在跨国诱拐儿童案件中，调解协议本身就能为在与调解相关的不同法律体系内建立一个统一的法律共识提供基础。

一、公约调解协议的性质

一份调解协议中，通常要涉及处理不同的事项。在这些事项当中，根据相关的准据法规定，有一些是由当事人任意处置的，不需要有关机关的介入。例如，父母亲关于儿童假期的安排。在这些事项上，父母亲被认为是最知道怎样为儿童作出安排以及怎样友好地解决他们的纠纷，从而实现儿童的最佳利益的人。从这些事项确立的那个时刻开始，相关的调解协议部分就构成当事人之间的一份合同（private contract），对当事人立即具有法律拘束力。

然而，调解协议中也有一些事项不能由当事人任意安排。

许多国家认为，与儿童相关的权利和福祉需要通过司法或行政机关的介入以获得保障。关于实施父母亲责任的协议，尽管多数国家是持鼓励的态度，但可能需要使协议获得法院的批准，以证实协议内容符合儿童最佳利益原则，才能获得法律效力。另外，尽管各国在与儿童有关的事项上鼓励给予父母亲更多的意思自治，但是依然可能存在对当事人在此领域意思自治的限制，尤其是涉及父母亲责任的时候。例如关于抚养儿童的决定，一些法律体系对父母亲不承担抚养儿童责任的协议能力作出限制。因而，就这些事项作出的安排，协议相关部分的生效需要经过法院批准。

如果调解协议没有获得法院的批准，这可能会造成一种很糟糕的情形。因为通常调解协议是作为一个“整体”，由当事人协商达成以友好解决诱拐儿童纠纷，不同事项的安排之间可能存在密切的联系。在调解协议未获得法院批准的情况下，当事人可任意处置的事项部分协议有拘束力，不能任意处置的部分协议没有效力，这可能造成对当事人一方有利，对另一方不利的情形。因而，在拟定调解协议时，就需要对在家庭法的某些方面限制当事人意思自治的法域予以特别注意。例如，在一些法律体系中，有关父母亲责任的协议除非经法院批准，否则不具有法律效力；另外，许多法域限制父母亲一方通过协议限定抚养费的能力。对类似这些情况，当事人在拟定协议内容时都应当予以考虑。

如果调解协议的全部或部分有效性依赖法院的认可，调解协议就是一份效力待定的合同，它的生效将是有条件的，即依赖是否能获得法院的批准。例如，在英国 Reunite 调解项目下，特别强调在调解过程中达成的是“谅解备忘录”而不是“协定”，避免造成认为协定在此阶段就具有拘束力的任何误解。谅解备忘录不能被看作是一份完整的和有约束力的协议，直到该份备忘录被提交给海牙返还诉讼的管辖法院，由法院对此作出一项同意令后，该调解协议才具有法律效力。与 Reunite 调解机制的做法类似，调解指南也建议把调解结果作为一项“临时协定”，在协议标题和记录协议解决方案的文字中予以反映。

二、赋予公约调解协议法律效力的途径

实践中，公约调解协议获得法律效力的途径有两种：一是法院通过司法程序赋予调解协议法律效力；二是行政机关通过行政程序赋予调解协议法律效力。

（一）通过司法程序赋予调解协议法律效力

1. 法院对调解协议的处理

一旦当事人通过公约调解程序达成协议，处理海牙返还儿童申请的管辖法院可以根据协议的内容和法院在这方面的管辖权，对调解协议作出相应的处理，例如将其转化为法院裁决。在调解程序中，调解员通常会建议父母亲双方聘请法律代表，以便如果达成任何协议，律师能及时把该协议做成法律文件提交法院，或是请求法院予以承认或执行，或是请求法院直接将该协议转化成法院令。

在通过法院程序赋予调解协议法律效力方面，不同的国家做法不同。例如，在法国，在调解程序进行中，法官能把达成的一项调解协议转化成一项命令，或者在调解程序最后，法官可以对当事人达成的任何调解协议予以证实。在德国，为了能使双方达成的协议具有法律拘束力，调解协议的内容必须符合相关的法院规则。例如，调解协议中包含的探视权的范围，需要获得家庭法院规定的支持，才能使达成的协议具有可执行力。在英国的 Reunite 试验项目下，任何达成的调解协议首先会以谅

解备忘录的形式书面记载下来。然后，调解员会鼓励父母亲从他们的英国律师和海外律师那里就谅解备忘录的法律效力之赋予寻求建议。英国律师会将谅解备忘录提交受理海牙公约申请的法院，由法院作出具有法律约束力的同意令。海外律师则可能在海外管辖区域内，被要求就英国作出的同意令进行登记或公开。在美国，可以将调解程序中达成的任何协议按照规定的协议形式，提交到一方或双方的州家庭法院备案。根据美国《统一儿童监护管辖和执行法令》（UCCJEA），调解协议能在该州管辖范围内以及在美国其他州获得承认和执行。综上可见，为使调解协议获得法律效力，法院对此处理的具体方式有许多种，可以是直接转化为法院裁决，亦可以是向法院备案，或者是经过法院确认。

由于跨国诱拐儿童案件所涉法律的复杂性，调解程序中，调解员需要就聘请法律代表的必要性和重要性提醒当事人。在使调解协议在与案件相关的所有法律体系内具有法律效力方面，法律代表需要给予当事人特别的帮助。另外，在评估当事人达成的解决方案是否符合相关管辖国家的法律要求，以及判断为使协议解决方案具有法律效力和可执行力还需要采取哪些必要的步骤时，当事人和专业法律代表的密切合作显得尤其重要。一旦当事人决定开始调解，律师就应当为当事人提供所有必要的法律信息，以使当事人在充分知情的情况下达成调解协议。

最后，应当注意的是，调解协议在一个国家对当事人具有法律拘束力，并不意味着在该国，该协议内容就当然是自动可实施的。尽管如此，通常情况下，法院对调解协议的处理措施——例如将协议条款包含在法院裁决中，从而使该调解协议具有法律拘束力，同时也是使该调解协议在该管辖区域具有执行力的措施。此外，正如上文所述，公约调解实践中还可能出现以下情形。由于调解协议处理的不同事项当中，根据准据法的规定，一些可以由当事人任意处置，这些事项的协议对当事人立即具有拘束力；而一些则不可以，这些事项的协议内容需要获得法院的支持。由于调解过程中，当事人通常就一个协议的“整体”部分予以协商，协议条款的内容彼此之间联系紧密，因而如果协议的持有人没有就该份调解协议的“整体”获得法院的支持，这可能会造成一种不幸的情形，因为部分有拘束力的协议可能只对当事人的一方有利。当然这种情形只可能发生在当事人一方就部分有效的协议主张其权利的情况下，许多国家的法院也会针对这种情形提供司法救济。

2. 法院处理调解协议的管辖问题

法院赋予公约调解协议法律效力，有一个重要的前提性条件，那就是法院对处理调解协议的相关内容具有管辖权。由于调解协议的内容可以涉及是否交还儿童以及与此相关的许多实质性问题，例如监护权的分配、探视权的安排等，这会使管辖问题变得比较复杂。

第一，管辖问题的复杂性。国际诱拐儿童案件中，调解协议达成的事项通常包括两个方面：第一，交还或不交还儿童的问题；第二，伴随交还或不交还儿童问题，当事人对监护权分配或行使探视权的约定。关于法院对这两方面事项的管辖权，由于情况的复杂性，需要分别探讨。

对于调解协议中关于是否交还儿童方面的事项，法院对此享有管辖权。因为根据海牙国际诱拐儿童公约的规定，非法移转或滞留儿童行为本身在国际儿童诱拐案件中产生一个特别的管辖情形。在发生儿童被诱拐的情况下，儿童被诱拐至的国家（被请求国）的机关有权就交还儿童问题作出决定。因而，对公约调解协议中有关是否返还儿童的事项约定，被请求国法院有权予以认可。

海牙1980年公约和1996年公约都具有这样的理念：在发生儿童被诱拐的情况下，儿童被诱拐至的国家即被请求国的机关有权决定交还儿童，但不能就监护权的实质问题作出裁定。具体规定体现在1980年公约的第16条和1996年公约的第7条第1款。[1]根据广泛适用的国际管辖原则，对儿童的探视权和监护权问题，以及对家庭的跨境安置作出裁决的管辖权当属儿童惯常居住地国家的法院。这个原则不仅为海牙《儿童诱拐公约》所确认，还受到与该公约并行调整跨国诱拐儿童问题的海牙1996年《儿童保护公约》的支持。此外，在相关区域性公约例如《布鲁塞尔条例Ⅱa》中亦有体现。这个原则是基于以下方面的考虑：在决定对儿童的监护权与探视权事项上，儿童惯常居住地的法院通常是最适合的法院，因为此地法院与儿童生活的惯常环境有着最密切的关联。也就是说，儿童惯常居住地国家的法院能轻松地评价儿童的生活情形，最适合作出符合儿童最佳利益的裁决。在跨国诱拐儿童案件中，公约通过规定快速返还儿童程序，防止父母一方为了获得对儿童的单独监护权，建立人为的国际上的管辖联系，从而保护被诱拐儿童的利益。在这种理念下，《儿童诱拐公约》第16条确保"在收到儿童非法转移或滞留的通知后"，被请求国法院不能"对监护权的实质问

[1] 1980年《公约》第16条规定："在收到第三条所指的对儿童非法转移或滞留行为的通知后，该儿童被转移至或滞留的缔约国的司法或行政机关，不应对监护权的实质问题作出裁定，除非已经决定依本公约不交还该儿童，或者在收到通知后一段合理期间内，无人依本公约提出申请。"1996年《儿童保护公约》第7条第1款规定："如果非法转移或滞留儿童，被转移或滞留儿童此前的惯常居住地缔约国保留管辖权，直到该儿童在另一缔约国取得惯常居住地，且符合下列条件之一：（1）有监护权的人、机构或其他团体对转移或滞留已加默认；（2）有监护权的人、机构或其他团体知道或应该知道儿童的下落后，该儿童已在另一国至少居住一年，该段时间内提出的交还请求已得到答复并且该儿童在新环境中已定居下来。"

题作出裁定，除非已经决定依本公约不交还该儿童，或者是在收到通知后一段合理期间内无人依本公约提出申请”。基于相同的理念，同时为了强化 1980 年海牙诱拐儿童公约的规定，1996 年海牙《儿童保护公约》第 7 条第 1 款规定，除非符合法定的条件，在非法转移或滞留儿童的情况下，被转移或滞留儿童此前的惯常居住地国家保留对儿童监护事项的管辖权。在这种背景下，被请求国处理海牙返还申请的法院在为使调解协议具有法律效力而对调解协议作出相应处理时，如果调解协议的内容除了包括是否交还儿童的问题外，还涉及监护事项或探视事项等实质性问题，法院在管辖权方面就会面临困境。

此外，由于公约调解程序中调解协议的内容具有广泛性和灵活性，如果调解协议中还包含另外的事项，例如离婚后配偶扶养费和儿童抚养事项，则会使法院的管辖情况变得更为复杂。因此，要使整个调解协议在相关的法律体系内都具有法律拘束力和执行力，可能会涉及在不同国家的不同机关之间的合作。

第二，管辖问题的复杂性在实践中的体现。关于上述管辖问题的复杂性，可以通过公约调解实践中的一个例子〔1〕予以直观地说明。

一对夫妇，有一个 8 岁的孩子。由于双方关系出现了严重的问题，二人决定离婚。这对夫妇均是 B 国人，自从孩子出生后他们就在 A 国居住。在 A 国进行离婚诉讼程序的期间，母亲由于担心她可能会失去对儿童的监护权，便非法将儿童迁移到 B 国（被请求国）。基于父亲的请求，B 国启动了 1980 年海牙公约的交还儿童程序。同时父亲被 A 国（请求国）法院赋予对儿

〔1〕“Guide to Good Practice under the Hague Convention of 25 October 1980 on the Civil Aspects of International Child Abduction-Mediation”, *Art* 310.

童的临时单独监护权。当父亲为参加庭审出现在B国时，调解的努力成功了。在调解会议过程中，父母亲订立了一份详细的协议。根据这份协定，他们同意对儿童进行共同监护，并同意改变儿童的居所。他们甚至同意，一起带儿童返回A国，并由母亲支付交通费用。

儿童的父母亲希望在这份调解协议实施之前，能够取得法律上的拘束力。尤其，因为母亲对儿童的非法迁移，父亲在A国被授予对儿童的临时单独监护权，母亲更希望在确保A国法院会尊重他们的这份协定方面能获取一些保障。

父母亲得知B国处理海牙交还程序的管辖法院仅能将协议中处理返还儿童和返还儿童的形式问题纳入法院裁决，但是有关监护权的实质问题的条款不能纳入，或者至少不能以使它们会对A国机关具有拘束力的方式纳入法院裁决。双方尤其是母亲对B国法院只能就协定的部分内容予以认定表示不满。父母亲因此决定求助对儿童监护事项具有国际管辖权的A国法院。然而，他们得知A国有管辖权的法院，尽管可能会批准调解协议，但通常会在监护事项上强调父母亲双方参加，并倾听儿童的意见，以此作为实现儿童最佳利益的部分法定义务。但是母亲坚持，除非她能确定A国会尊重他们的协定，否则不愿意带着孩子返回A国。

在这样的案件中，可能就需要专家对关于采取怎样的步骤、涉及哪些国家等给出具体的法律建议。关于获取信息的途径，例如到哪里寻求专家法律建议，或使调解协议在相关国家获得执行力需要哪些步骤等，相关管辖区域内中央机关或者是像国际家事调解中央联络点的其他机构应当为当事人提供帮助。

（二）通过行政程序赋予调解协议法律效力

对于公约调解协议法律效力之赋予，除了通过司法程序，即法院对调解协议作出相应处理之外，还可以由行政机关经由行政程序对调解协议作出处理。例如，根据墨西哥关于自愿协议效力的法律规定，对于外国行政机关批准或审查的调解协议，只要该行政机关根据该国的法律具备法定资格，另外协议内容不违反墨西哥法律，就能在墨西哥被赋予法律效力。可见，调解协议经由具有法定资格的行政机关予以批准或审查，也是其获得法律效力的途径。此外，在公约调解实践中，父母亲也可能约定适用行政程序确保调解协议的法律效力。例如，父母亲在调解协议中可能约定，需要对其内容进行公证（notarization），以确保调解协议在某一国家具有法律拘束力和执行力，除非那个国家的法律另外有规定。

从儿童诱拐公约缔约国国家简况获取的信息也可以看出，为使调解协议在该国具有法律效力和执行力，除了通过法院程序，也可以通过行政程序。例如，一些国家和地区表明调解协议需要经过法院批准（court approval），如：阿根廷、英国、美国和中国香港等。在一些国家，同时存在多种选择。例如，在丹麦、比利时等国家，法院批准或公证的方式均可；在澳大利亚、希腊等国家，法院批准或登记（court registration）方式均可；还有一些国家三种方式均可，例如爱沙尼亚，布基纳法索等国。

最后，无论是通过司法程序，还是通过行政程序，调解协议一旦在一个管辖区域内获得法律效力，当事人还有必要采取进一步的行动，使该调解协议在所有可能与他们的纠纷相关的其他法律体系内获得法律效力。鉴于调解协议在获取法律约束力方面的复杂性，调解员应当在调解过程中提醒父母亲，就他们的案件获得专家法律建议是非常重要的。同时，缔约国中央机关或者为国际家事调解专门建立或指定的中央联络处，应当尽可能地为当事人和法院提供信息，尽力帮助当事人克服，使调解协议在被请求国和请求国等相关国家的法院，获得法律约束力和执行力在管辖权方面的障碍。

第三节　相关国家对公约调解协议的执行

承认和执行问题是基于1980年海牙《公约》作出的任何裁决所必须重点考虑的问题，因为海牙公约案件出现的一个问题就是一个国家作出的命令在另一个国家不被执行。[1]为了使调解对海牙公约的实施确实发挥积极的作用，确保通过调解程序达成的调解协议在相关的国家都能被承认与执行是非常重要的。

一、执行的路径与法律依据

（一）执行的路径

在某国作出的一项公约调解协议，通过将其纳入法院裁定或其他方式，可以使其在该国具有执行力。而要使该调解协议在相关的其他国家获得执行力，通常有两种路径。为了论述的方便，此处将调解协议已在该国具有执行力的国家指称为A国，其他国家指称为B国。

路径一：B国承认和执行调解协议。A国获得的体现协议内容的法院裁决可以在B国被承认，或者是因为国际性的、区域性的或是双边性的条约规定了这样的承认，或者根据B国的法律外国法院判决可以在该国获得承认。

〔1〕 Nuria González Martín, "Mediating in Cases of International Child Abduction by One of the Parents and Voluntary Cross-border Agreements : the Mexican Case", *Boletín Mexicano de Derecho Comparado*, nueva serie, añoXLⅦ, núm. 141, septiembre-diciembre de 2014.

例如，在墨西哥，自愿协议的承认与执行问题就等同于外国法院判决的承认与执行问题，即把自愿协议视为外国法院判决。墨西哥联邦地区《民事诉讼法》第605条规定，外国法院判决只要不违反墨西哥法律规定的公共政策利益，以及不损害墨西哥加入的公约或条约，则其在整个国家有效并被承认。也就是说，墨西哥法律承认和执行所有的自愿协议，只要它们不违反其国内法律和人权。

在实际执行协议解决方案时，根据B国法律的要求，可能还需要在B国进行另外的执行宣告或登记等程序。在这种情况下，当B国的法院认为A国的法院在作出裁决的某些事项上缺乏国际管辖权时，可能就会产生问题。为了解决这种情形下的管辖权问题，如果相关的两个国家是1996年《海牙儿童保护公约》的缔约国，则可以考虑该公约第8条和第9条关于管辖权的转移规定。[1]

还有一种可能，A国和B国之间适用的有关规定，就考虑

---

〔1〕 1996年《儿童保护公约》第8条规定："一、在例外情况下，根据第5条和第6条具有管辖权的缔约国机关，只要它认为另一缔约国在个案中能更好地评估儿童的最佳利益，它可以：(1) 要求该另一缔约国机关直接或在该国中央机关的协助下行使管辖权以采取它认为所必需的保护措施，或 (2) 中止考虑该案件并邀请当事人向另一国机关介绍此种请求。二、上一款所规定的被请求机关所属缔约国为：(1) 该儿童的国籍国；(2) 该儿童的财产所在地国；(3) 儿童的父母向该国机关提出离婚或分居或解除婚姻申请的国家；(4) 与该儿童有实质联系的国家。三、有关机关可进行意见交流。四、第一款中所指的被请求机关如果认为符合儿童的最佳利益，可以取代根据第5条或第6条享有管辖权的机关行使管辖权。"第9条规定："一、如果第8条第2款中提到的某一缔约国机关认为在个案中能更好地评估该儿童的最佳利益，可以：(1) 直接或在儿童惯常居住地缔约国中央机关协助下，要求该国主管机关授权其行使管辖权以便采取其认为必需的保护措施，或者 (2) 邀请当事人在儿童惯常居住地缔约国机关前介绍此种请求。二、有关机关可进行意见交流。三、只有在儿童惯常居住地缔约国机关已接受请求的情况下，发出请求的机关才可替代前者行使管辖权。"

了B国承认A国可执行的协定，不必再体现在法院判决中。这主要出现在两个国家之间就有关事项存在双边条约的情形下。

路径二：当事人将调解协议带至B国，进行了一些必要的安排，使协定在B国具有法律效力和执行力。当事人可以带着他们的调解协议求助于B国的机关，请求根据B国的国内程序法赋予该协议法律拘束力和执行力。这样做意味着，当事人可以不考虑调解协议在A国获得的法律地位，而直接在B国采取行动。

例如，墨西哥对未吸收入外国判决的自愿协议也会赋予其法律效力和执行力。如果该协议在外国已经被执行，且没有争议，在所有的当事人都服从协议约定，并且协议内容不违反墨西哥法律的情况下，当事人可以通过向墨西哥家事法院申请，即可使协议在墨西哥获得法律效力和执行力。法官会审查协议内容是否违反墨西哥法律，以及是否符合相关儿童的最佳利益。如果协议已经在外国执行，但是某一事项必须在墨西哥执行，家事法官会通过国际司法合作寻求执行该协议，对于需要在墨西哥执行的协议部分，应由法官予以确认。此外，对于外国行政机关批准或审查的协议，只要该行政机关根据该国的法律具备法定资格，另外协议内容不违反墨西哥法律，该协议就能被赋予法律效力。比如，对于没有转化为法院判决，但是有确认、公证或认证行为的协议，墨西哥也予以承认或执行。

然而，上述这种使调解协议获得执行的路径，可能会在管辖权方面出现问题。例如，可能的情形是，B国的主管机关会认为，将调解协议转化为法院判决，或者采取一些其他的必要措施，使调解协议具有法律效力，他们对此缺乏国际管辖权。因为，他们把A国机关看作是处理调解协议所包含的事项的唯一有管辖权的机关。

（二）法律依据

海牙会议的工作证实，在解决跨境家事纠纷包括国际诱拐儿童领域，很多国家认识到友好解决家事冲突的价值和这种方式对儿童的利益，强调协议在国际家事法律上的重要性。然而，一方面，越来越多的父母亲倾向于协议解决他们的跨境家事纠纷，另一方面，为使协议在超过一个以上的国家具有约束力和执行力，父母亲却需要面对复杂的法律规定和实践中的诸多挑战。

对于一个具体的跨国诱拐儿童案件而言，如果当事人通过调解程序达成协议，对此相关国家予以承认和执行的法律依据，取决于其签订和实施的国际性、区域性公约或是双边条约。在没有这样的公约或条约的情况下，则适用其国内的冲突法规则。在实际执行协议解决方案时，相关国家根据其国内程序法对协议进行另外的执行宣告或登记等程序。

当然，关于承认或执行调解协议的法律基础，如果存在国际性的、区域性的公约或者是双边的条约，则是最为理想的情形。因为，这些公约或条约通常会就一个国家对另一个国家的判决的承认与执行规定简化的程序。例如，1996 年《海牙儿童保护公约》。根据该公约的规定，一个缔约国内体现关于监护权或探视协议的法院判决，构成对儿童的“保护措施”，则判决依法在所有缔约国内应当被承认和执行。这就意味着，缔约国采取的保护儿童措施在其他缔约国内自动获得承认，不必再采取任何其他的程序。在涉及该项保护儿童措施的规定的实际执行方面，可能需要在被请求执行地国家宣告该措施是可执行的，或者为执行目的对该保护措施予以登记。然而在这方面，1996 年海牙公约也要求缔约国适用简易的便捷程序。当然，对一个缔约国采取的措施，其他缔约国也可以拒绝承认，但是必须符合《海牙儿童保护公约》第23条第2款的规定。[1]

作为调解协议承认和执行的法律依据，区域性安排也发挥着重要的作用。目前，虽然还没有充分规定承认或执行机制的区域性公约，但欧盟在此方面的做法值得借鉴。例如，欧盟关于民商事调解的2008/52/EC指令。该指令的一个主要目的就是规定，对一个成员国作出的调解协议，其他成员国应当像对待法院判决那样予以承认和执行。[2]然而，区域性条约的问题在于，它们只适用于属于该区域的国家。为了推动自愿协议的跨境承认与执行，有必要建立专门的国际公约。因为如果没有国际公约，自愿协议跨境执行中面临的最大的现实问题和法律问题在于，不同国家存在不同的法律传统。考察近年来海牙国际私法会议的工作动态，为自愿协议的跨境承认和执行制定专门公约的可能性非常大。

随着近年来海牙国际私法会议对于调解的关注，有关调解协议的跨境承认和执行问题，亦成为海牙会议经常性讨论的议题。例如，在审查海牙1980年公约和1996年公约实施情况的海牙第六次特别委员会会议上，就详细讨论了国际诱拐儿童案件由于管辖问题引发的，调解协议在承认和执行方面的困难。委员会的结论是需要简化家庭法协议的承认和执行程序，并建议

〔1〕 1996年《海牙儿童保护公约》第23条第2款规定："有下列情形之一的，可以拒绝承认：(1) 采取措施的机关的管辖权不是基于第二章规定的理由；(2) 在司法或行政程序中，违反被请求国程序的基本原则，在未有机会听取儿童意见的情况下采取的措施，但紧急情况除外；(3) 在有关人员未有机会提出意见的情况下所采取的措施，侵害她或他的父母责任的，但紧急情况除外；(4) 考虑到儿童的最佳利益，承认有关措施明显违反被请求国的公共政策的；(5) 该措施与儿童惯常居住地的非缔约国随后采取的措施不一致，且后一措施满足了在被请求国获得承认条件的；(6) 未遵守第33条规定的程序。"

〔2〕 Elena D'Alessandro, "Results of Mediation and Cross-border Enforcement of Mediation Agreements", ERA Forum (2013).

在涉及儿童的国际纠纷解决协议的跨境承认和执行方面进一步开展工作。在特别委员会提出这个建议之后，2012 年，海牙总务和政策委员会授权常设局成立专家组，就国际儿童纠纷中达成的协议的跨境承认和执行问题进行进一步的探索性研究，包括那些通过调解程序达成的协议，并同时考虑海牙 1996 年公约的实施和适用。同时表明，这项工作会包含对法律和实践问题性质和范围的认定，包括管辖事项，以及在这个领域评估制定一个新的公约的需要，不管其是具有拘束力还是不具有拘束力的。为此，海牙国际私法会议常设局成立专家组，就自愿协议的跨国承认和执行问题提出报告。2013 年 12 月 12 日至 14 日，专家组第一次工作会议在海牙国际私法会议常设局启动，会议形成 13 项结论和建议，并提交海牙国际私法会议审查，委员会对专家组的最初报告表示认可。专家组的意见是：互相承认和执行关于监护权或探视权的安排是防止诱拐法律中重要的部分；为适应家庭的国际流动性，需要确保协议的可携带性（portability）；为帮助协议在所有相关国家获得执行，需要行政或司法机关的合作为之提供便利；制定专门的公约能促进自愿协议的跨境承认和执行，尤其对于内容涉及家庭法律的多个方面的协议，例如父母亲为交还儿童达成的包括监护、探视、旅行、抚养以及财产分割等一揽子协议。基于这样的背景，可以预测不久的将来，海牙国际私法会议会拟定有关跨境协议的承认和执行公约。到那个时候，有关公约调解协议的承认与执行问题就会变得简单。

在调解协议的承认和执行方面，公约调解指南还建议缔约国应当发展简易程序。当事人可以通过简易程序，请求主管机关批准调解协议或使其具有可执行力。如果没有这样的简易程序，国家应当考虑通过立法推动建立这样的程序。例如欧盟委员会家事调解 No.（98）就调解协议的地位规定：国家应当推动司法机关或其他主管机关，在当事人提出请求的情况下对调解协议建立批准程序，并且根据国家的法律为执行这样的经过批准的协议提供相应的机制。

二、不同国家机关之间的合作

在跨国诱拐儿童案件中，家庭的国际流动性要求父母亲达成的自愿调解协议也应当是具有流动性的，这就意味着调解协议所到的国家，都应当对该协议予以承认和执行。在这方面，如果缺乏可预测性，则违反自愿跨国协议的性质。为了使调解协议在所有相关的国家具有执行力，需要不同国家行政或司法机关之间进行合作。

为了确保一份友好解决国际诱拐儿童纠纷的协议，能在相关的不同管辖区域内均具有执行力，被请求国和请求国的司法和行政机关应当尽可能地彼此合作，克服在这一领域所有可能存在的困难。在这方面，不同国家之间直接的司法交流可能行之有效。在可行和适当的情况下，法院可以使用既有的司法网络，寻求相关国家法院或中央机关的帮助。例如，与这方面关联最为密切的司法网络是国际海牙家事法官网络，它的创建宗旨是在国际层面上帮助法官进行沟通和合作，帮助确保儿童保护领域相关国际条约的有效实施，包括 1980 年《儿童诱拐公约》。通过直接的司法沟通，被请求国负责处理海牙交还诉讼的法官和请求国负责处理监护事项的法官，就可以通过彼此协调，对一份包括监护事项在内的父母亲协定予以认可。另外，在可行的情况下，为了使调解协议在相关的不同法律体系内具有法律拘束力和可执行力，受理交还儿童诉讼的法院和请求国的法院能采取很多措施，支持调解协议解决方案的可行性，从而起到帮助当事人的作用。这些措施可能包括使用“镜子裁决”（mirror orders）或“安全港判决”（safe-harbour orders）。

在目前的法律规定下，国际诱拐儿童案件通过调解程序达成的协商解决方案的可持续性，在很大程度上依赖于被请求国司法机关和请求国司法机关的合作。为了有效帮助当事人使其订立的自愿调解协议在两个国家都具有法律拘束力和执行力，有必要进一步加强不同国家司法或行政机关之间的合作。

第六章

公约调解的发展及对我国的启示

国际诱拐儿童案件虽然由于跨越国境而变得非常复杂，但其本质上仍然属于家庭纠纷。调解以其特有的优势最为契合家庭纠纷的解决，包括跨境家事纠纷，例如跨国诱拐儿童案件。也是因为如此，在海牙《儿童诱拐公约》的实施过程中，使用调解程序解决公约案件开始受到广泛的关注。自 21 世纪以来，国际范围内出现了推动公约调解发展的趋势。我国在解决跨国诱拐儿童案件领域，一直缺乏相应的法律依据和操作规范，公约调解的兴起和发展对我国具有重要的启示性作用。

第一节　国际范围内发展公约调解的努力

目前，在全球范围内，通过友好方式解决家事纠纷的观点，越来越多地获得了认可，国际社会越来越重视在跨境家事纠纷包括跨国诱拐儿童案件中使用调解等方式，来促成调解协议等友好解决方案的达成。近年来，海牙国际私法会议以及海牙公约缔约国都在努力推动公约在该领域的发展。

一、海牙会议对公约调解的推动

近十多年来，海牙会议的工作反映出，在国际家事法领域运用调解和其他促成协议解决方案形成的方式越来越重要。多数当代起草的海牙家事公约，都明确鼓励使用调解和其他类似方式以达成协议解决家事纠纷的方案。为支持1980年海牙《儿童诱拐公约》有效实施和运作，几个行动指南都注意到了运用调解程序达成协议解决方案的重要性。例如，《跨境探视指南》第2章规定，鼓励使用调解方式帮助当事人达成跨境探视的父母亲协议；《预防性措施指南》第2.1.1规定，应当为在与监护或探视相关的问题上进行调解提供便利，推动当事人达成自愿协议可以帮助防止再次诱拐的发生。同时，应当考虑为不同文化背景下的婚姻关系中的当事人提供专业调解的利益。另外，近几年来，跨境家事纠纷的调解也被海牙国际私法会议列为未来工作的议题之一而被广泛讨论。

（一）制定公约调解指南

2006年4月，海牙国际私法会议成员国要求常设局准备一份跨境家事调解的可行性研究报告，包括就这一议题制定公约的可能性研究。2007年4月，常设局向总务和政策委员会（以下简称委员会）提交跨境家事调解的可行性研究报告。2008年4月，委员会邀请常设局继续注意并向成员国通告有关跨境家事调解的发展情况，并且要求常设局首先开始启动为在海牙《儿童诱拐公约》实施中适用调解制定指南的工作。2009年，委员会会议在其结论和建议中确认以下决定："委员会重申2008年4月会议上关于跨境家事调解的决定。委员会批准常设局的提议，在1980年海牙公约范围内调解的行动指南将在2010年初提交成员国讨论，然后在2011年审查1980年公约实际运行情况的特别委员会下次会议上进行批准。"实际上，关于在儿童诱拐公约实施中适用调解的讨论可以回溯到许多年前，该主题在审查公约实施的一系列特别会议上反复被探讨。早在2001年，审查1980年海牙《儿童诱拐公约》和1996年《儿童保护公约》实施情况的特别委员会就认为，中央机关“在可能和合适的情况下”，可以根据公约第7条“通过向当事人推荐提供适用调解服务的专家组织”以履行其职责。这是特别委员会第一次明确提及在《儿童诱拐公约》实施中适用调解。2006年，特别委员会会议重申该建议并将调解议题提上日程，常设局为此次会议还专门准备了一份报告，倡议在国际儿童诱拐案件中使用调解程序解决纠纷。特别委员会对缔约国在1980年儿童诱拐公约实施中采取的调解举措和开展的项目表示欢迎，邀请常设局继续敦促各缔约国报告关于探视和诱拐的跨国纠纷调解的发展情况，并提请常设局继续就跨境家事调解的可行性作更加广泛的研究，包括在此议题方面制定法律的可能性研究。

为海牙《儿童诱拐公约》制定调解指南的工作始于2009年。常设局邀请来自不同缔约国的专家帮助准备调解指南的制定工作。在2011年第六次特别委员会会议之前，指南草案分发给1980年公约的缔约国和海牙会议成员国。特别委员会对调解指南草案表示了欢迎，并要求常设局根据特别委员会的讨论，同时考虑专家的建议对指南作出修订，并将修订案分发给成员国和缔约国作最后的讨论。2012年5月，调解指南修订版被分发给海牙会议成员国和1980年公约缔约国作最后的讨论，随后生效实施。调解指南的出台，为儿童诱拐公约实施中适用调解程序起到了重要的指导性作用，对推动公约调解在全球的发展具有重要的意义。

（二）建立调解工作组

尽管截至目前，海牙国际诱拐儿童公约的缔约国数量已达到92个，是海牙儿童保护公约体系中缔约国数量最多的公约之一，但是世界上有229个国家，公约签署国仍然不到一半。还有许许多多的国家在发生跨国诱拐儿童案件时，没有可依凭的有关保护儿童的公约，包括1980年公约和1996年公约。为了帮助有关国家解决这一难题，2004年，一些国家和组织，包括海牙国际私法会议，在马耳他的圣珠利安斯镇召开了会议（以后称为马耳他会议），讨论“如何确保对父母亲跨境探视权利的有效保护，和相关国家之间因为国际诱拐引发的问题”。在会议宣言中，就适用调解、和解或类似方式达成父母亲之间认可的保护儿童的协议解决方案，与会方一致同意为此提供便利。[1]在此次会议上讨论和建立的相关议题，以后称为马耳他程序（malta process）。马耳他程序，为来自某些海牙《儿童保护公约》缔约国和某些其法律以伊斯兰教法为基础或受到其影响的非公约缔约国国家的法官和高级政府官员之间提供对话机会。因为非公约缔约国没有相关的国际公约可以适用，而使解决涉及儿童监护、探视和诱拐的跨境纠纷异常困难，马耳他程序重点就是帮助其寻求解决方案，加强国家之间的合作。尤其是通过确保儿童继续与父母双方（尽管他们居住在不同的国家）保持联系的权利得到支持，反对国际诱拐儿童行为，提高相关国家之间的儿童保护水平。继2004年首届马耳他会议之后，相关国家和组织又先后在2006年和2009年召开了两次会议，进一步巩固了调解的地位。尤其2009年的马耳他会议宣言明确指出，急切需要为调解跨境家事纠纷建立更为有效的框架。[2]

为了进一步推动1980年海牙《儿童诱拐公约》实施中调解工作的顺利进行，2009年，海牙总务和政策委员会要求在马耳

〔1〕 Hague Conference on Private International Law, “The Malta Judicial Conference on Cross-Frontier Family Law Issues Hosted by the Government of Malta in Collaboration with the Hague Conference on Private International Law”, Declaration 4 (2004).

〔2〕 Hague Conference on Private International Law, “The Malta Judicial Conference on Cross-Frontier Family Law Issues Hosted by the Government of Malta in Collaboration with the Hague Conference on Private International Law”, Declaration 3 (2009).

他程序范围内建立调解工作组。工作组的目的是鼓励在没有相关国际公约适用的情况下适用调解方式，以帮助解决关于儿童监护或探视的跨境纠纷，并推动调解框架的发展。2009 年 6 月，调解工作组成立，工作组成员来自马耳他程序的很多国家，包括 1980 年海牙《儿童诱拐公约》的缔约国和非公约缔约国。成员具体包括少数独立的调解专家以及来自澳大利亚、加拿大、埃及、法国、德国、印度、约旦、马来西亚、摩洛哥、巴基斯坦、英国和美国的专家。

2010 年，调解工作组创立了在马耳他程序范围内建立调解框架的原则，该原则倡议在每个国家建立国际家事调解中央联络处。中央联络处旨在，为当事人获取相关的管辖区域内可用的调解服务信息或其他相关服务信息提供便利。2011 年 4 月，委员会对工作组提出的，在马耳他程序范围内建立调解框架的原则表示欢迎，并同意将这些原则提交特别委员会第六次会议讨论。2011 年 6 月，审查公约运行的第六次特别委员会会议鼓励国家考虑建立这样的中央联络处或者指定他们的中央机关作为中央联络处。一些国家已经采取措施在他们的管辖范围内实施这些原则，并为国际家事调解指定了中央联系处。截至目前，这些国家有澳大利亚、法国、德国、巴基斯坦、斯洛伐克、匈牙利、荷兰、俄罗斯联邦和美国。

马耳他程序以及调解工作组讨论的议题受到相关国际法框架的引导，尤其是 1989 年联合国《儿童权利公约》，1980 年《儿童诱拐公约》以及 1996 年《儿童保护公约》。近些年来，应总务和政策委员会的要求，调解工作组一直在就马耳他程序范围内推动调解框架的实施开展工作，并积极地与国家、地区接触与活动，并向委员会作出报告。

二、相关国家与地区对公约调解的推动

调解作为家事法院诉讼的替代性解决方式，正在越来越多地受到各国欢迎。然而，尽管调解在解决国内家事纠纷方面的益处已获得广泛认可，但由于语言、文化的不同，加之地理上的距离，跨境家事纠纷中适用调解比单纯的国内家庭纠纷适用调解发展要缓慢。[1]因而，在海牙儿童诱拐公约实施过程中，适用调解程序解决国际诱拐儿童案件的做法还没有被广泛地采用。国际在适用公约调解这个领域上的改变刚刚开始。[2]

毫无疑问，在当事人想要建立一种持续的关系的情况下，调解就是一种特别有用的纠纷解决方式。[3]调查显示，相较于强制性的司法裁决，当事人更有可能遵守他们通过调解程序所达成的纠纷解决协议。[4]因而，作为一种解决跨国诱拐儿童问题的有效方式，公约调解逐渐成为许多试点和工作组的研究主题。在一些国家，专门为解决国际诱拐儿童案件建立的调解机制做得很成功。

（一）欧洲国家对公约调解的推动

欧洲整体对海牙《儿童诱拐公约》是极其重视的。欧洲版

---

〔1〕 Wolfgang Vomberg, "Hague Convention on Child Abduction (HCA), the Hague Defences -How are they being applied? Perspectives from the European and German Jurisdictions", 20 *Int'l Acad. of Matrimonial Law.*, 2-3 (2010).

〔2〕 Jennifer Zawid, "Practical and Ethical Implications of Mediation International Child Abduction Cases: A New Frontier for Mediators", 40 U. Miami Inter-Am. L. Rev., (11) 2008.

〔3〕 Hague Conference on Private International Law, "Guide to Good Practice under the Hague Convention of 25 October 1980 on the Civil Aspects of International Child Abduction", Part Ⅲ-Preventive Measures 16 (2005).

〔4〕 Timothy L. Arcaro, "Creating a Legal Society in the Western Hemisphere to Support the Hague Convention on Civil Aspects of International Child Abduction", 40 U. Mimami Inter-Am. L. Rev., 127 (2008).

图上，几乎每一个国家和地区都签署了该公约，欧洲国家对于推动海牙《儿童诱拐公约》的有效实施，作出了卓越的贡献。同样的，在推动公约调解的发展方面，欧洲国家的努力也是最为突出的。

1. 英国

毫无疑问，在跨国诱拐儿童案件领域，最先开展调解工作的是英国。2000 年，英国指定一个位于伦敦的由民间资本支持的非政府组织——国际儿童诱拐中心 Reunit 组织，在涉及英国的国际诱拐儿童案件中提供专门的调解服务。在为期四年的项目试验期间，共计有 28 个跨国诱拐儿童案件适用调解解决，涉及的国家不仅包括海牙诱拐公约缔约国，例如巴基斯坦，也包括非公约缔约国，例如迪拜。仅适用调解方式而未经诉讼程序就成功解决的纠纷比例高达 75%。截至目前，Reunit 组织的研究结果为在跨国诱拐儿童案件领域适用调解问题提供了最为全面的报告。

Reunite 项目采用的是单边调解机制，并确保调解机制的设计符合海牙诱拐公约和英国国内法律的要求。调解程序与海牙诉讼程序并行不悖，以便不会造成对海牙公约规定的 6 周时限的延误。通常，调解程序为期两天且一般是连续性的，共举行 3 次会议，每次 3 个小时。在调解前会有一个筛选性面谈（screening interview），当事人会被告知参加调解不会对其通过海牙诉讼程序提出交还儿童申请的权利造成障碍。Reunite 项目要求每一个调解员都必须熟悉海牙公约，以确保调解程序以必要的速度开展，并且充分解决国际诱拐儿童案件所涉及的复杂问题。在调解中一旦达成协议解决方案，为了使其在英格兰和威尔士以及其他国家具有法律效力，调解程序要求当事人签署谅解备忘录，提交给相关的法院制作同意令。

由于居住在英国之外的当事人能获得一个私人基金会的资

助，帮助解决调解过程中的旅行和住宿费用，因而 Reunite 项目能为当事人提供直接的、面对面的调解服务。[1]

2. 德国

2002 年，由联邦政府资助的德国联邦家事调解委员会（BAFM）启动了一个名为“涉及父母儿童的国际纠纷调解”项目，以解决与 1980 年海牙公约程序和《布鲁塞尔条例Ⅱbis》有关的涉及父母和儿童关系的国际冲突。2007 年，德国联邦调解委员会（BM）开始从事 BAFM 项目。2008 年，BAFM 和 BM 共同成立了一个独立的非政府组织 MiKK，专门调解国际诱拐儿童案件纠纷，该组织是非营利性的。在德国，调解现在是国际诱拐儿童案件的标准程序。[2]

德国建立的双边合作调解项目是目前最成功，也是最具有特色的安排。1999 年，由联邦政府资助的德国联邦家事调解委员会（BAFM）建立了第一个德-法双边调解项目，并于 2003 年实施该项目，重点在于教导父母亲可以适用调解模式解决他们之间的冲突。[3]调解通常在周末进行，一般需要 1~2 个周末的时间，除非遇有特殊情况需要延长。在可能和适合的情况下，会要求儿童参与调解，所有的费用由各自的国家负担。2006 年 3 月该项目终结时，通过调解处理的案件大约有 50 件到 60 件。参与该项目的研究人员指出，多数父母亲和调解员对这一项目给予了积极的评价。研究结果表明，父母双方参加调解和接受调解程序的意愿也很强。研究结果表明，即使没有达成调解协

〔1〕 Melissa A. Kucinski, “The Pitfalls and Possibilities of Using Technology in Mediation CrossBorder Child Custody Cases”, J. Disp. Resol., 303 (2010).

〔2〕 Christoph C. Paul & Jamie Walker, “An International Mediation: From Child Abduction to Property Distribution”, 23 Am. J. Fam. L., 167 (2009).

〔3〕 Melissa A. Kucinski, “Creating a Successful Structure to Mediate International Parental Child Abduction Cases”, 26 Am. J. Fam. L., 82 (2012).

议，父母亲也认为参加调解获益很多。[1]受到德-法双边调解项目的鼓励，目前，波兰、美国、英国、法国和西班牙等国均与德国建立起跨国合作调解项目。[2]

一些国家或法庭会强制要求调解，但德国与绝大多数国家一样，规定调解是自愿性的，如果当事人不自愿参加调解，则该案件可能被评估为不适宜适用调解程序。在调解程序的任何阶段，不论是当事人还是调解员都可以随时结束调解。根据德国的调解标准，每个案件由两名调解员合作调解，调解员的选择遵从以下标准：（1）一名男性，一名女性；（2）一名调解员具有法律专业背景，另一名具有心理社会学专业背景；（3）调解员的国籍与当事人相同；（4）调解员接受过先进的跨境调解培训；（5）调解员应当至少掌握一门通用的语言。调解员必须经历过至少160个小时的家事调解培训，先进的IPCA案件调解培训，以及参加后续的研讨会。为了敦促当事人在海牙公约允许的时限内及时达成解决方案，调解只在海牙程序启动之后开始，调解员也必须能够一接到通知就快捷地准备调解程序。任何协议或解决方案，特别是关于交还儿童的细节或对儿童的未来安排，必须能被审理海牙公约案件的法院和留守方父母所在国家的法院所接受和承认。[3]

3. 法国

法国在跨国诱拐儿童领域开展调解的组织是其国际家事调

〔1〕 Jennifer Zawid, "Practical and Ethical Implications of Mediating International Child Abduction Cases: A New Frontier for Mediators", 40 U. Miami Inter-Am. L. Rev., (16) 2008.

〔2〕 Available at www. mikk-ev. de.

〔3〕 Paula Shulman, "Brazil's Legacy of International Parental Child Abduction: Mediation Under The Hague Abduction Convention as a Solution", 16 Cardozo J. Conflict Resol., 259 (2014).

解协会（MAMIF）。调解协会负责为调解的适用提供不同层次的培训。该协会指出，其发现信息和培训是发展调解的关键性因素，并总结出成功调解跨境诱拐儿童案件取决于三个关键性的因素：信任、对父母亲的关心和真诚。[1]

法国国际家事调解协会除了参与组织法-德双边调解项目，其开展的双边调解项目涉及国家广泛，不仅涉及海牙公约缔约国，也包括非公约缔约国。在法国，担任国际诱拐儿童案件的调解员条件比较宽松，不像德国那样特别要求调解员的性别和专业背景。自 2001 年至 2006 年，MAMIF 已调解 454 件案件，多数与国际儿童诱拐有关，共涉及 77 个国家。根据 MAMIF 的报告，国际家事调解的成功率大约是 86%。[2]

欧洲其他国家如瑞士、瑞典、爱尔兰和荷兰，也在国际儿童诱拐案件中适用调解。例如，在瑞士，为执行海牙公约的国内立法规定，中央机关可以发起调解程序，法院则应当进行调解。

（二）美洲国家对公约调解的推动

与欧洲情况类似，南北美洲几乎所有的国家和地区都加入了海牙《国际诱拐儿童民事方面的公约》。尽管相较于欧洲国家，美洲国家整体在推动公约实施方面的作用稍显逊色，但以美国为代表的国家在推动诱拐公约有效实施方面发挥着重要和关键的作用。同样的，在推动公约调解的发展方面，美洲国家

[1] Melissa A. Kucinski, "The Pitfalls and Possibilities of Using Technology in Mediating Cross-Border Child Custody Cases", 2010 *Jounal of Dispute Resolution* (297) 2010.

[2] Sarah Vigers, Hague Conference on Private International Law, "Note on the Development of Mediation, Conciliation and Similar Means to Facilitate Agreed Solutions in Transfrontier Family Disputes Concerning Children Especially in the Context of the Hague Convention of 1980 (2006) ", available at http://www.hcch.net/upload/wop/abd pd05e 2006, pdf.

也发挥着重要的作用。

1. 美国

在美国，负责处理海牙国际儿童诱拐纠纷的中央机关是美国国务院。2003 年，国务院宣布一项计划，对调解员进行专门的培训，建立调解指引目录，购买电话会议设备，以增强调解在跨国诱拐儿童案件中的适用。2005 年，美国国务院同意与德国 BAFM 建立合作调解项目，对跨国诱拐儿童案件进行双边的试点调解。位于维吉尼亚州的非营利性组织——全国失踪和被剥削儿童中心（NCMEC），为国际诱拐儿童纠纷的父母亲提供调解服务，并努力确保为经济困难的父母亲提供作为志愿者的调解员和律师。

为了在美国储备调解员和探寻如何有效开展调解工作，2008 年 2 月，NCMEC 和迈阿密大学法学院还举办了第一届美国国际父母绑架调解会议。会议致力于在美国建立国际诱拐儿童调解项目，以推动调解的发展。继这次会议之后，一个由律师、调解员和法官组成的国际指导委员会为在跨国诱拐儿童案件领域规范调解员工作，建立了一系列行动指南和草案。鉴于美国和墨西哥之间不断增加的跨国诱拐儿童案件，该指导委员会还探索在这两个国家之间建立双边调解试点项目的可行性。〔1〕

2. 阿根廷

在阿根廷，实施海牙诱拐公约的中央机关向跨境诱拐儿童纠纷的当事人提供调解，作为其解决纠纷的一种选择。调解程序在被看作是中立场所的中央机关所在地进行。一般而言，调解员会组织多次调解会议直到达成一份协议，除非调解员感觉

〔1〕 Jennifer Zawid, "Practical and Ethical Implications of Mediating International Child Abduction Cases: A New Frontier for Mediators", 40 U. Miami Inter-Am. L. Rev., (16) 2008.

到一方当事人在利用调解作为其拖延时间的策略。[1]

在对跨国诱拐儿童领域适用调解的报告中，阿根廷中央机关指出通过调解绝大部分案件都能获得解决。即使在当事人没有达成协议的案件中，冲突也有明显的减缓。[2]

3. 巴西

巴西实施海牙诱拐公约的中央机关是其人权秘书处（BCA），BCA 为国际诱拐儿童案件的当事人提供调解的机会。在国际诱拐儿童案件中，一旦儿童的下落被确定，BCA 会向诱拐方父母发出一份和解通告，提醒他们在提起司法诉讼之前可以通过 BCA 参加调解。调解的形式很灵活，根据当事人各自的情况和所在的地点，可以以会面的形式进行调解，也可以通过电话或网络进行调解。

如果 BCA 的调解不成功，一旦启动诉讼程序，将由联邦法院法官作出推动调解的第二轮努力，调解程序可以在诉讼的任何阶段进行。无论是通过 BCA 进行调解，还是在诉讼程序阶段进行调解，当事人双方的法律代表通常都能够参与，他们在调解过程中向当事人提出法律建议，以确保一旦最终达成解决纠纷的调解协议，这份协议将具有可执行性。[3]

美洲其他国家如秘鲁、厄瓜多尔和巴拉圭也对国际诱拐儿童领域开展调解表示出兴趣，并开始在国际诱拐儿童案件中尝试适用调解。

---

〔1〕 Permanent Bureau, Hague Conference on Private International Law, "Feasibility Study of Cross-Border Mediation in Family Matters (2007)", available at http://www.hcch.net/upload/wop/genaff pd20e2007, pdf.

〔2〕 Permanent Bureau, Hague Conference on Private International Law, "Feasibility Study of Cross-Border Mediation in Family Matters (2007)", available at http://www.hcch.net/upload/wop/genaff pd20e2007, pdf.

〔3〕 Permanent Bureau, Hague Conference on Private International Law, "Feasibility Study of Cross-Border Mediation in Family Matters-Responses to the Questionnaire (2008)".

（三）其他国家对推动公约调解的努力

在亚洲，截至目前，加入海牙儿童诱拐公约的国家与地区非常少。除我国香港和澳门地区因为殖民政府而延伸适用该公约外，《儿童诱拐公约》的缔约国只有斯里兰卡、泰国、新加坡、韩国和日本，而且这些国家大都是最近几年才加入公约的。[1]尽管许多亚洲国家，例如日本和韩国都拥有非常悠久的调解历史，但就推动公约调解的发展而言，亚洲国家的成绩并不突出，这显然与儿童诱拐公约在这些国家的实施尚属初期阶段有关。然而，应当注意的是，关于在亚洲地区推动公约调解发展的努力已经开始。

2014 年 11 月 28 日 ~29 日，海牙调解工作组第一次东南亚地区研讨会在马来西亚举行。[2]与会人员由高级政府代表、法官、学者和儿童权利专家组成，分别来自澳大利亚、加拿大、埃及、印度尼西亚、日本、马来西亚、巴基斯坦、菲律宾、卡塔尔、沙特阿拉伯、新加坡、泰国、土耳其、美国等国。海牙国际私法会议秘书长，联合国儿童基金会的东亚和太平洋地区办公室代表以及一名联合国儿童权利委员会人员都参加了此次研讨会。此次亚洲研讨会的目的是：从区域视角探索涉及跨境非法转移儿童的家庭纠纷中儿童权利的问题；审视以伊斯兰教法为基础或受伊斯兰教法影响的法律体系和其他法律体系在解决这样的纠纷中既有的纠纷解决机制，包括家事调解制度；对这些复杂的案件在寻求符合儿童最佳利益的解决方案方面进一步加强国际法律合作。经过讨论，此次会议作出以下结论和建

〔1〕 斯里兰卡加入公约的时间是 2001 年；泰国是 2002 年；新加坡是 2010 年；韩国是 2012 年；日本是 2014 年。我国香港和澳门地区于 2009 年获得公约缔约方地位。

〔2〕 General Affairs and Policy, “Report on the First Regional Seminar of the Working Party on Mediation in Southeast Asia”, Info. Doc, No 10. March/2015.

议：建议调解工作组继续与非公约缔约国和组织，例如阿拉伯国家联盟和联合国机构，如在日内瓦的联合国儿童基金会和联合国儿童权利委员会，进行对话和接触；建议司法专家和学者，如果有可能的话，在东南亚地区公约缔约国和非缔约国之间，在调解领域以及在解决案件方面交流专家意见并保持持续性对话；建议非公约缔约国家考虑指定一名法官或是一个机构参与海牙的国际法官网络。

另外，在大洋洲和非洲，也有一些国家积极尝试通过调解程序解决涉及儿童的纠纷。例如，在澳大利亚，鼓励父母亲之间通过拟定父母计划（parenting plan）就孩子的问题达成协议。负责实施儿童诱拐公约的中央机关会识别案件是否适宜调解，如果适宜，将为调解的开展作出安排，或者是请求有管辖权的法院对案件进行调解。对于父母亲都在澳大利亚国家内，但距离上比较遥远的情况，澳大利亚政府为当事人提供免费的电话服务，使当事人在较远的地方也能参加调解。[1]非洲国家如埃及，已经建立起埃及-英国国际父母诱拐调解机制。英国 Reunite 组织负责人丹尼斯卡特（Denise Carter）女士还曾亲自赴开罗为该项目的开展培训调解员。

综上可见，在全球范围内，许许多多的国家和地区，都开始在为适用调解程序解决跨国诱拐儿童纠纷而努力。

第二节　公约调解对我国的启示

目前，除我国香港特别行政区和澳门特别行政区外，我国大陆地区还不是 1980 年海牙《公约》的缔约方。而且，我国也

[1] Hague Conference on Private International Law, "Working Party on Mediation in the Context of the Malta Process Questionnaire 2 (2009)".

未加入1996年《海牙保护儿童公约》。这意味着，如果发生涉及我国内地的国际或区际诱拐儿童案件，我国在申请返还儿童方面将缺乏国际法上的依据。这可能会产生两方面的不利后果：一者，如果我国内地是儿童的惯常居住地，儿童被诱拐至国外或境外，留守在我国内地的父母一方将无法根据海牙公约申请快速返还儿童，显然不利于保护其权益。二者，如果儿童被非法转移或滞留于我国内地，留守在国外或境外的父母一方无法根据公约向我国申请快速返还儿童。随着国际范围内保护儿童权利的意识观念逐渐增强，儿童诱拐公约已成为海牙保护儿童领域影响最为广泛的公约，加之以美国为首的发达国家对儿童诱拐公约的持续关注与重视，在这样的背景下，我国无疑将越来越面临着巨大的国际压力。

一、我国急需建立诱拐儿童纠纷的处理机制

在我国持续深化对外开放政策的背景下，我国公民外出留学、就业、旅游甚至移民的人数不断增加，涉外婚姻家庭的数量也随之增多。当今的社会，人们对婚姻的观念较之传统发生了巨大的变化，受离婚自由化思潮的影响，婚姻家庭的稳定性在很大程度上遭到了冲击，跨国婚姻家庭的稳定性更为脆弱。由于父母双方可能位于不同的国家，国界的障碍加之地理上的巨大差距，使得在跨国婚姻家庭关系出现问题或者破裂后，父母双方对子女的争夺显得尤为剧烈。近年来，涉及我国公民的针对儿童的涉外监护权、探视权纠纷及其引发的诱拐儿童案件时常见诸媒体。

据美国世界新闻网编译报道，我国天津籍公民刘某静未经其已经分居并开始办理离婚手续的美国籍丈夫鲁伊佛洛同意，于2014年9月4日，带着四岁的儿子搭飞机回中国，结果飞机

中途被美国联邦调查局（FBI）拦截召回。而她于当地时间3月6日被弗吉尼亚州联邦陪审团判定成立国际父母绑架罪，面对最高三年的监禁。〔1〕由于我国未加入海牙《国际诱拐儿童民事方面的公约》，一方面美国方面对将儿童带到中国非常敏感，因为如果中国母亲把儿子带回中国，孩子的美国籍父亲将很难要回儿子；另一方面，对于帮助我国公民解决此类争议，我国面临缺乏法律依据的现实困境。

根据我国学者和实务人士的研究，在我国发生的国际诱拐儿童案件主要有以下四种类型：〔2〕

第一，父母一方为我国公民，将子女不当迁移或滞留于我国境内。这是实践中最为常见的一种类型。例如小张（化名），我国大连人，在荷兰留学期间与该国迈克尔（Michael）（化名）相识相恋，并生育一子。小张毕业后留在荷兰工作，因打算与男友分手，担心其与自己争夺儿子，遂借故将儿子带回自己老家由父母照顾，迈克尔（Michael）多次要求小张将儿子带回荷兰并由自己照顾，均遭到拒绝。〔3〕

第二，父母一方为我国公民，将子女不当迁移或滞留于我国境外。这种类型又有两种情况。其一，作为外国公民的父母一方将孩子不当迁移或滞留于我国境外。例如，2006年1月美国德克萨斯州法庭审理了我国公民吴某与美国公民蒂姆争夺儿

〔1〕陈薇伊："华裔妈妈带儿子回国惊动FBI，因没经过分居丈夫同意"，载http://finance.chinanews.com/life/2015/03-10/7115933.shtml.

〔2〕汪金兰："我国应尽快加入1980年海牙诱拐儿童公约"，载《中国国际私法学会2013年年会论文集》（上卷），第150~153页；杜焕芳：《国际诱拐儿童民事问题研究：〈海牙公约〉解释、实施与适用》，法律出版社2014年版，第242页。

〔3〕赵宁宁："大陆国际性儿童诱拐问题及其解决"，载《"家事法苑"™婚姻家庭法律资讯简报》2012年第1期。

子的监护权案。[1]2003 年，吴某与蒂姆在我国结婚生子。2005 年，蒂姆与吴某在我国离婚后，带着两岁多的儿子悄然返回美国，并要求吴某放弃对儿子的监护权。这一要求遭到吴某的坚决反对，她亲自到美国以法律手段争取索回对儿子的监护权。其二，我国公民将孩子不当迁移或滞留于我国境外。例如，在“艾利克斯（Alex）案”[2]中，父亲为英国国籍，母亲是我国公民，艾利克斯（Alex）是其婚生子。父母结婚及离婚地为我国湖北省，离婚前惯常居住地为北京。离婚时，双方协议约定艾利克斯（Alex）由母亲享有监护权，父亲有探视权。后来母亲因工作原因离开北京前往印度尼西亚工作两年，带艾利克斯（Alex）前往印尼。父母双方在艾利克斯（Alex）离开北京前协议，母亲在印尼的第二年由父亲享有艾利克斯（Alex）的监护权，之后再执行原来离婚协议所约定的监护事项。第二年时，母亲拒绝将儿子从印尼雅加达送到北京父亲处。在离婚后第三年时间，母亲又打算将儿子带往香港。

第三，父母双方都是外国人或拥有外国永久居留权，一方将子女不当迁移或滞留于我国境内。这种类型通常发生在父母一方在我国境内的跨国公司工作的情况下。例如，“克里斯蒂娜（Christina）诉约翰（John）案”。[3]克里斯蒂娜（Christina）（化名）为德国公民，约翰（John）（化名）为意大利公民。双

---

〔1〕“美国丈夫偷走两岁儿子，北京母亲追过太平洋寻子”，载《北京晚报》2005 年 11 月 26 日。转引自杜焕芳：《国际诱拐儿童民事问题研究：〈海牙公约〉解释、实施与适用》，法律出版社 2014 年版，第 5 页。

〔2〕李佩璇：“大陆与其他法域的儿童返还申请的可操作性——兼谈中国加入《海牙国际儿童诱拐公约》的前景展望”，载《“家事法苑”婚姻家庭法律资讯简报》2012 年第 1 期。

〔3〕赵宁宁：“大陆国际性儿童诱拐问题及其解决”，载《“家事法苑”婚姻家庭法律资讯简报》2012 年第 1 期。

方离婚前居住在德国，后因感情不和，双方通过德国法院离婚。儿子的监护权由德国籍母亲享有并行使。后约翰（John）因工作原因来到上海，并把儿子带到上海居住了一年多。母亲克里斯蒂娜（Christina）在德国申请到法院令，要求父亲把孩子送还母亲，但男方对此置若罔闻。克里斯蒂娜（Christina）随后通过律师寻求我国法院帮助将孩子送还，但法院以不承认该判决且不具有管辖权为由，未予受理。

第四，父母双方都是定居我国的外国人，一方将子女不当迁移或滞留于外国。这种类型的典型案例是北京法院审理的“蓉蓉案”。[1]该案中，母亲是加拿大籍华人，父亲是美国籍华人，蓉蓉为美国籍。离婚前，父母双方定居在北京。离婚后，父亲来往于北京与香港，同时拥有香港的永久居留权。母亲前往英国居留达一年以上。离婚时，蓉蓉被法院判决由母亲抚养。后经变更抚养权诉讼，二审父亲胜诉，改由父亲抚养。但在二审期间，蓉蓉被母亲带往英国，父亲遂以美国公民身份向英国国际儿童中心申请将孩子交还到中国大陆。

由于我国没有加入《儿童诱拐公约》，对于上述四种类型的国际诱拐儿童案件，当事人无法利用公约的合作机制提起交还儿童的申请程序，法院也无法根据公约确立的快速返还儿童机制要求当事人交还儿童。最终的受害者大多数是被诱拐的儿童。同时，随着我国内地与香港、澳门和台湾地区四地之间越来越多的跨区婚姻、家庭关系的产生，各种婚姻家庭问题需要及时处理，其中就包括跨区父母离婚后对儿童探视、监护不当而引

---

〔1〕 李佩璇：“大陆与其他法域的儿童返还申请的可操作性——兼谈中国加入《海牙国际儿童诱拐公约》的前景展望”，载《“家事法苑”婚姻家庭法律资讯简报》2012年第1期。

起诱拐需要及时交还儿童的问题。[1]例如，我国重庆人周某华嫁给香港男子林某兴后，生下两个儿子，后夫妻感情破裂离婚，孩子被送回重庆的外公外婆家抚养，周某华则赴美国定居。父亲林某兴在香港法院拿到监护权判决后，到重庆希望带走两个儿子，结果却被儿子的外公外婆告知“孩子不想随父亲回香港”。多次请求未果后，林某兴将儿子的外公告上法庭，称其侵犯了自己的监护权。[2]我国不是海牙公约的成员国，而我国香港地区已适用该公约，两地在跨区域诱拐儿童领域的法律协调方面存在困难。2002年4月29日，香港法律改革委员会发表了《国际性的父母诱拐子女问题》的报告书，其中就指出，由于中国并非海牙诱拐儿童公约的成员国，内地与香港两地之间又没有相关的协议，所以难以解决港人将子女拐带到内地的问题。可见，由于我国没有加入海牙诱拐公约，我国内地与香港、澳门和台湾四地之间又未就区际儿童诱拐及交还等问题在司法与行政合作方面达成有关协议，这种情况法律无法适应解决区际诱拐儿童案件的实际需求。

综上可见，一方面涉及我国内地的跨国诱拐儿童案件类型多样、情况复杂，并且案件数量估计也不在少数，[3]而另一方面，我国法院或者其他政府部门目前鲜有处理国际诱拐儿童方面的案件，这与我国未加入儿童诱拐公约，在面对这类案件时缺乏法律依据和操作规范有重大关系。这必然导致我国在面对国际诱拐儿童纠纷时只能处于被动的地位，无法有力地保障涉

---

〔1〕杜焕芳:《国际诱拐儿童民事问题研究:〈海牙公约〉解释、实施与适用》，法律出版社2014年版，第245页。

〔2〕“香港父亲来渝讨两儿子监护权”，载《重庆时报》2006年5月30日。

〔3〕杜焕芳:《国际诱拐儿童民事问题研究:〈海牙公约〉解释、实施与适用》，法律出版社2014年版，第9页。

案当事人，尤其是我国公民的权利。同时，对于涉及我国内地与香港、澳门和台湾地区的诱拐儿童问题，我国缺乏相应的区际合作安排，导致区际儿童诱拐的解决也陷入困境。因此，我国急需建立解决跨国以及跨境诱拐儿童纠纷的处理机制，以满足国际、国内越来越迫切的现实需求。

二、我国应尽快构建诱拐儿童纠纷的调解机制

公约调解为我国处理国际或区际诱拐儿童纠纷提供了新的思路。公约《调解指南》指出，当有关儿童的国际家事纠纷涉及两个国家，而在这两个国家之间，海牙 1980 年《儿童诱拐公约》和 1996 年《儿童保护公约》，或在其他相关的国际性或区域性法律制度都不适用的情况下，调解或采用类似的程序达成协议解决方案可能是唯一的路径，帮助相关的儿童实现联合国儿童权利公约所规定的“同父母双方经常保持个人关系和直接联系”的权利。对于非公约缔约国调解诱拐儿童案件，根据公约调解指南的规定，指南的内容也同样适用。据此，在加入儿童诱拐公约之前，我国可以根据国家的实际情况，并借鉴其他国家公约调解机制的运作经验，尽快建立起解决诱拐儿童纠纷的调解机制，通过调解化解涉及我国内地的国际或区际诱拐儿童纠纷。

（一）我国构建诱拐儿童纠纷调解机制的可行性

1. 我国拥有构建调解机制的深厚文化基础

我国的优秀传统文化，为建立国际诱拐儿童案件调解机制，适用调解程序解决国际诱拐儿童纠纷，提供了深厚的文化基础。尽管很长一段时间以来，以儒释道为核心的中华传统文化由于受到巨大冲击而日渐衰微，但是历经千年的传统文化对国人的影响从未彻底断灭。近年来，新一任的中央领导人倡导恢复和

弘扬中华优秀传统文化，无疑会进一步提升我国的文化自觉性。不仅如此，伴随着现代工业和科技文明的不断进步，人们在生活的许多方面冲突不断加深，全球性危机频繁出现，世界范围内对中华传统文化的认识也开始觉醒。1988 年，在法国巴黎召开的“面向 21 世纪”第一届诺贝尔奖获得者国际大会上，75 位诺贝尔奖得主围绕着“21 世纪的挑战和希望”的议题展开讨论，得出的重要结论之一是：“人类要生存下去，就必须回到 25 个世纪之前，去汲取孔子的智慧”。英国著名历史学家汤因比在思考现代文明的危机和世界的未来时，曾作出预言：“以中华文化为主的东方文化和西方文化的相结合，将是人类最美好和永恒的文化”，“人类要想解决二十一世纪的问题，必须要到中国的孔子思想和大乘佛法中汲取智慧”，“19 世纪是英国人的世纪；20 世纪是美国人的世纪；而 21 世纪就是中国人的世纪”。〔1〕这里应当特别注意，汤因比谈到的中国人的世纪，绝不是指中国在世界上像西方国家那样霸道，而是指 21 世纪是中国传统文化的世纪，是中华传统文化作用于全世界的世纪。

对人类社会的争议解决之道，智慧的华夏祖先早就为我们留下了宝贵的财富。中华传统文化是一种跨越了意识形态、文化隔阂乃至历史时空的默契，我们应当对我国经典的传统文化心怀敬畏。中华传统文化孕育的诸多价值观和道德观，值得我们坚守和传承。〔2〕中华传统文化的核心内容是五伦、五常、四维和八德。其中，五伦是指：父子有亲、长幼有序、夫妇有别、君臣有义、朋友有信；五常是指：仁义礼智信；四维是指：礼

〔1〕［日］山本新：《未来，属于中国：汤因比论中国传统文化》，杨栋梁、赵德宇译，陕西人民出版社 1989 年版。

〔2〕刘仁山：“以‘王道’观世界——读《中国思想下的全球化管辖规则》有感”，载《国际法研究》2014 年第 2 期。

义廉耻；八德是指：孝悌忠信、仁爱和平。一言以蔽之，中华传统文化是以“和”为贵的文化，小而家，大而国，乃至天下都一以贯之。显然，通过调解达成协议解决方案，友好解决国际诱拐儿童纠纷，这种方式与我国传统文化的内涵最相契合。我国为解决国际或区际诱拐儿童纠纷建立调解机制，具有最深厚的文化土壤。

2. 我国具有与调解相关的制度基础

（1）我国有关调解的制度与规定。孔子曰：“听讼，吾犹人也。必也使无讼乎！”在以儒家为代表的中国传统文化的影响下，通过调解解决纠纷的制度在我国历史悠久。对我国古代社会的调解制度，中外许多学者依凭不同的记载调解的史料，采用包括文化解释、社会功能分析和权力技术分析等不同的研究路径进行考察，考察的结果在结论上一直存在着诸多分歧，甚至研究结论截然相反。[1]尽管在众多的研究文献中，我国传统调解制度的真实面目依然模糊，但有一点是毋庸置疑的，那就是调解制度是我国古代社会解决社会纠纷的主要方式，并有效地和长久地维持着社会的稳定和谐。不仅如此，调解制度在跨越历史的长河，历经朝代的更迭和不同价值观的审视洗礼之后，依然保持着顽强而茁壮的生命力，在当今中国倡导的构建和谐社会的治国策略中熠熠生辉。当代调解制度的内容更加丰富，方法也更多样化。调解的类型既包括人民调解，也包括诉讼调解和仲裁调解，而在婚姻家庭领域，纠纷的调解主要涉及诉讼调解和人民调解两种。

关于涉及婚姻家庭领域的民事诉讼调解制度，我国的立法

〔1〕参见陈柏峰：“调解，实践与经验研究——对调解研究的一个述评”，载《清华法律评论》2007年第1期；郑英豪：“我国调解制度变迁中国家权力的角色承担与未来向度——基于法社会学的观察”，载《法学评论》2015年第1期。

规定由来已久。早在1982年，我国的《民事诉讼法（试行）》中就确立了调解的原则和制度，要求人民法院审理民事案件，应当着重进行调解。在总结1982年《民事诉讼法》实践经验的基础上，1991年制定通过并适用至今的《民事诉讼法》更是以专章的形式对调解制度予以了确认。《民事诉讼法》第8章采用7个条文（第93条至第99条），对调解的原则、方式及调解协议等方面进行了规定。调解制度在我国重要性的加强趋势，还体现在2012年通过的《民事诉讼法》修正案，新的《民事诉讼法》增加了对适合调解的案件先行调解的规定。《民事诉讼法》第122条规定："当事人起诉到人民法院的民事纠纷，适宜调解的，先行调解，但当事人拒绝调解的除外。"

最高人民法院非常重视对调解实践的指导工作。2004年最高人民法院发布《关于人民法院民事调解工作若干问题的规定》，专门指导各级法院的调解实践。2007年3月，最高人民法院又发布《关于进一步发挥诉讼调解在构建和谐社会中积极作用的若干意见》，意见中强调了诉讼调解是我国诉讼制度的重要组成部分，是人民法院行使审判权的重要方式，是和谐司法的重要内容。另外，对于经人民调解组织等有关社会组织调解达成的调解协议，最高人民法院还发布《关于审理涉及人民调解协议的民事案件的若干规定》，指导法院及时受理涉及人民调解协议的民事案件，并依法确认人民调解协议的法律效力。

除了诉讼调解，我国对人民调解制度也非常重视。早在1989年，国务院就通过《人民调解委员会组织条例》，规定建设人民调解委员会，及时调解民间纠纷，并对人民调解委员会的组成、任务、工作原则和方式等进行了原则性的规定。2002年，司法部发布《人民调解工作若干规定》，对人民调解委员会的工作范围、组织形式、调解程序等作出了具体的规定。2010年，全国人大常委会颁布《中华人民共和国人民调解法》，进一步加强了人民调解委员会的法律地位。

上述可见，我国对调解制度历来非常重视，有关调解的制度与规定在民事领域广泛存在，为我国构建诱拐儿童纠纷调解解决机制提供了重要的制度基础。

（2）现有调解制度为调解诱拐儿童纠纷提供基础。我国在民事领域广泛存在的调解制度与规定，为我国构建诱拐儿童案件调解机制提供了有益的制度基础。例如，我国调解实践普遍遵循自愿原则，调解结果以调解协议的形式固定并经法院确认其法律效力，以及调解过程中为防止纠纷激化采取预防措施等做法，同样适用于跨国诱拐儿童纠纷的调解。事实上，我国法院也曾成功运用既有的调解方式帮助当事人解决涉及儿童的跨国婚姻家庭纠纷。例如，Patrick 案。[1]该案中，父亲帕特里克（Patrick）是澳大利亚人，与我国公民王女士在北京结婚。婚后在澳大利亚生活，两个儿子在那里出生，为澳大利亚国籍。后来，王女士借故将两个儿子带回我国生活，期间拒绝父亲与两个儿子见面甚至通电话。帕特里克（Patrick）来到北京通过包括报警、居委会等途径均无法见到孩子，故欲在澳大利亚起诉离婚。但考虑我国法院承认外国法院判决的局限性，决定在我国法院起诉离婚，并要求对孩子享有监护权和探视权。最后，考虑孩子的实际情况，经法院调解监护权归母亲王女士，父亲每月可定期探望（如条件允许）和通电话，每年暑假孩子可与父亲在我国或澳洲度假。本案中，法院成功运用我国的调解方式，妥善解决了探视权的跨境行使问题。

然而，应当注意，尽管我国现有的调解制度和实践，能为

〔1〕 赵宁宁："大陆国际性儿童诱拐问题及其解决"，载《"家事法苑"婚姻家庭法律资讯简报》2012 年第 1 期。

构建跨国诱拐儿童案件调解机制提供有益的基础，但是考虑跨国诱拐儿童案件的特殊性与复杂性，以及我国与其他国家在儿童诱拐领域的合作，我国现有的调解制度与规定无法满足调解跨国诱拐儿童纠纷的需要。首先，跨国诱拐儿童案件属于国际家事纠纷的范畴，而我国目前在婚姻家庭等民事领域的调解制度通常仅适用于国内家事纠纷。尽管有个别涉外婚姻家庭纠纷的解决法院适用了我国的调解制度，但是必须认识到，我国在涉外调解领域缺乏法律依据和操作规范。其次，诱拐儿童案件的调解，涉及与其他国家或地区的合作。考虑到儿童诱拐公约在全球范围的影响力，和我国未来加入公约的可能性，我国调解跨国诱拐儿童纠纷最好契合公约调解指南的规定。这就为跨国诱拐儿童纠纷的调解提出了许多特别的要求，例如调解员的特别培训、儿童参与调解程序等。显然，我国现有的调解制度与此存在差距。最后，我国现行的调解制度本身也无法适应解决跨国诱拐儿童案件的需要。就诉讼调解而言，由于我国未加入《儿童诱拐公约》，关于申请返还儿童的诉讼，我国法院没有管辖权。也就是说，跨国儿童诱拐案件无法在我国进入诉讼程序，我国现有的诉讼调解制度也就失去了效用。就人民调解而言，调解组织是由村民委员会、居民委员会以及企业事业单位依法设立的人民调解委员会，这是一个颇具我国特色的群众性组织，由其作为调解跨国诱拐儿童纠纷的组织是不妥当的，在国际合作中难以获得其他国家的认可。另外，人民调解专门调解我国民间纠纷，采用“村头”“地头”“街头”“炕头”等适应基层特点的、群众喜闻乐见的调解方式，[1]这种方式显然不能适应调解跨国诱拐儿童案件的特点与需求。

---

〔1〕 最高人民法院、司法部：《关于进一步加强新形势下人民调解工作的意见》，2007 年 8 月 23 日发布。

综上可见，在我国优秀的文化传统以及广泛适用的调解制度基础上，构建诱拐儿童纠纷调解机制，无疑是可行的。特别是，我国现行的许多调解制度与规定为调解跨国诱拐儿童纠纷提供了有益的制度基础。但是，由于跨国诱拐儿童案件本身的特殊性，以及调解跨国诱拐儿童纠纷的复杂性，我国现有的调解制度与实践经验，根本无法满足调解跨国诱拐儿童纠纷的需要。我国应当借鉴其他国家发展公约调解的经验，构建专门的、与国际接轨的诱拐儿童调解机制。

（二）对我国构建诱拐儿童纠纷调解机制的建议

虽然我国还未加入海牙1980年《儿童诱拐公约》，但考虑到，一方面我国是海牙国际私法会议的成员国，另一方面儿童诱拐公约在调整跨国诱拐儿童问题上在全球具有重要的影响性，因而，我国在加入公约之前先行建立的适用于国际诱拐儿童案件的调解机制，应当考虑遵循海牙公约调解指南的建议。况且，《调解指南》也指出，该指南的内容同样适用于不属于儿童诱拐公约调整的跨国诱拐儿童案件。另外，为了帮助没有加入海牙1980年公约和1996年公约的国家解决涉及儿童监护和探视、包括跨国诱拐儿童的国际家事纠纷，2009年，在海牙国际私法会议总务和政策委员会的授权下，常设局协助成立了专门工作组，推动在此领域建立调解框架。由于该建议是在2009年3月在马耳他圣朱利安镇举行的第三次跨境家事法律问题司法会议上提出的，因而称之为马耳他程序。2010年，调解工作组为在马耳他程序范围内建立调解框架提出了总的原则。公约调解指南建议，国家应当考虑在马耳他程序提出的原则基础上推动建立调解机制。因此，我国在构建适用于国际诱拐儿童纠纷的调解机制时，除了依照公约调解指南，还应当将马耳他程序范围内提出的建立调解机制的原则考虑入内。

在综合考虑公约调解指南和马耳他程序原则的基础上，为我国构建适用于国际诱拐儿童纠纷的调解机制，本书提出如下建议：

1. 指定中央联络处

我国应当首先考虑为调解国际诱拐儿童纠纷指定中央联络处，为当事人获取调解服务信息或其他相关服务信息提供便利。《儿童诱拐公约》要求每一个缔约国应当指定一个中央机关，即一个机构负责执行公约赋予的职责。根据公约要求，中央机关应采取各种直接或间接的适当措施，确保自愿交还该儿童或设法友好解决该问题。因此，基于中央机关在促进国际诱拐儿童纠纷友好解决方面发挥的积极作用，在许多公约缔约国向跨国诱拐儿童纠纷当事人提供调解服务信息的功能是由其中央机关完成的。当然，国家向当事人提供调解服务信息的任务，也能授权给其他机构。例如，被请求国可以指定一个机构而不是中央机关，作为国际家事调解的中央联络处。我国虽然还未加入《儿童诱拐公约》，但基于未来加入公约的可能性，以及加入公约后制度上的衔接性，在确立提供国际调解服务信息的机构时，可以考虑把未来可能指定的执行公约的中央机关，例如司法部指定作为国际家事调解服务的中央联络处。该联络处不仅是作为国际诱拐儿童纠纷当事人个人与我国联络的地点，同时也是作为我国调解此类纠纷的调解员的联络网点。

中央联络处的主要任务，是为跨国诱拐儿童纠纷的当事人提供我国可用的调解服务信息。信息内容应当至少包括以下几个方面：第一，提供该类调解服务的调解员名册或调解机构名称信息，调解员名册上应当记载有关该调解员接受过的培训、实践经验、语言技能和联系方式等详细内容。第二，提供调解费用信息。包括调解服务本身的费用和其他所有相关的费用。

第三，提供调解程序信息，包括可用的调解模式和方法，调解怎样进行，调解中可以讨论哪些问题等。调解程序信息应当尽可能的详细。

除了向当事人提供调解服务信息之外，中央联络处还应当提供与调解服务相关的其他信息。内容可能涉及以下几个方面：第一，为留守方父母在我国寻找儿童下落提供信息帮助。第二，对当事人可以到哪里咨询有关我国家庭法和程序法上的规定，提供信息帮助。对此，中央联络处应当注意向当事人提供我国可用的免费法律咨询服务，或者是费用较低的专家法律咨询服务。第三，对当事人可能达成的调解协议的效力和执行等方面的问题提供信息帮忙，包括怎样使调解协议在我国和相关的其他国家具有法律约束力、怎样执行调解协议等。中央联络处还应当提供可以帮助确保调解协议具有长期可行性的任何有用的信息。

最后，为了促进涉及我国的跨国诱拐儿童纠纷的友好解决，我国的中央联络处还应当积极地提高和加强国际合作。我国应当将指定的中央联络处的详细联系信息，包括邮局地址、电话号码、电子邮件信箱以及负责人的名字，向海牙常设局报备。海牙常设局会将这些信息发布在海牙国际私法会议的官方网站上。更理想的情况是，我国建立解决国际诱拐儿童案件的专门网站，把我国可以提供的有关调解服务的信息，包括我国调解处理过的跨国诱拐儿童案件的数量、采取的行动和调解的结果等，以中文以及英文或法文的形式，发布在官方网站上。同时，我国应当积极地通过互联网络、国际培训项目和经验交流等渠道，促进与跨境诱拐儿童领域不同专家之间的合作。

2. 建立调解行动准则

在国际诱拐儿童案件中，当事人可能来自不同的国家，可能存在语言、文化的差异性以及不同的宗教信仰，加之当事人之间在地理上的差距，种种这些因素使得调解跨国诱拐儿童纠纷相较于调解国内涉及儿童的婚姻家庭纠纷，具有特别的复杂性。这种复杂性对于调解服务在两个方面提出了更高的要求：一是调解员；二是调解程序。我国应当围绕这两个方面的内容建立调解行动准则，以规范和指导适用于国际诱拐儿童纠纷的调解服务。

第一，有关调解员方面。为了保障调解的质量，我国应当对能够开展国际诱拐儿童纠纷调解工作的调解员，作出严格的要求，具体体现在调解员的选拔、培训和资质考核程序等方面。

首先，在选择调解员的时候，应当综合考虑以下因素：①具备法学专业背景，尤其是国际私法专业背景。国际诱拐儿童纠纷是具有涉外性质的国际家事纠纷，属于国际私法调整的范畴。调解员需要熟悉不同的法律体系，需要了解如何使调解协议在相关的国家具有法律效力和执行力。②具备心理学和社会学专业背景。跨国诱拐儿童纠纷的冲突性较高，当事人之间不可避免地存在着敌意。调解员需要察言观色，揣摩当事人的心理，预测当事人的反应，尽力消除当事人之间的对抗情绪，帮助当事人之间重新建立信任，协商解决引发诱拐的婚姻家庭问题。在当事人具有不同的文化和宗教背景的情况下，调解员还需要了解不同的文化和宗教等社会学知识。③具有调解跨国诱拐儿童纠纷或其他国际家事纠纷的经验。考虑调解国际诱拐儿童案件的特殊性和复杂性，最好由具有一定实践经验的调解员进行调解。④具有一定的电脑操作技能。由于调解国际诱拐儿童案件的复杂性，调解员可能需要获取国内国外某些相关的行政、司法机关的服务信息，以帮助案件的顺利调解，这就需要调解员能访问与调解案件相关的国内和国际网络。⑤具有外国语方面的能力。调解过程中当事人可以选择使用的语言，在当事人讲外国语的情况下，调解员如果会使用该外国语，将有利于调解的开展。

其次，应当要求所有的调解员接受培训，并为调解员培训拟定详细的课程内容，制定相应的培训标准。调解员培训可分为两个部分：一部分是常规性的培训，课程内容可以包括法律、心理学和社会学等理论方面的知识，以及调解的基础性理论知识；另一部分是专门性的针对国际诱拐儿童纠纷的调解培训。课程内容可以包括相关国际公约的内容，例如海牙国际诱拐儿童公约及其调解指南的规定，相关国家的家事法律，调解国际诱拐儿童案件可能面临的具体挑战等。另外，培训课程应当注意收集国内外有益的调解经验，做到理论与实践的结合。关于调解员培训标准的制定，应当根据运作中的实际情况，制定出符合我国国情现实和实际需要的标准。

最后，我国中央联络处应当建立调解员名册和档案，只有经中央联络处认可的调解员，才有资格担任国际诱拐儿童案件调解工作的调解员。中央联络处应当为调解员培训提供帮助。

第二，有关调解程序方面。调解程序应当包括以下方面的内容：

（1）确立调解程序应当遵循的原则。①自愿原则。国际诱拐儿童纠纷的当事人参加调解应当是自愿的，这是最基本的原则。②中立性，独立性，公平性和公正性原则。这些原则对于调解程序的有效开展是至关重要的。尽管他们讨论的是调解程序的不同方面，但彼此之间密切联系。关于调解的结果应当是中立性的；就调解员进行调解的方式而言，调解员需要具有独立性；同时，调解员对于当事人而言应当具有公正性；最后，调解必须公平地开展。这意味着需要给予当事人参与调解过程的平等机会。③保密性原则。该原则涉及两个方面，一是对调解内容的保密，即对调解过程中获得的任何信息，除非当事人另有约定，必须保密。调解过程中获得的信息内容除非涉及犯罪，否则不得向法院或其他任何主管机关提供。二是调解程序的保密。调解程序开始之前，调解员和当事人可以签订保密条款，避免在程序中出现信息的泄露问题。

（2）对案件进行调解的适当性审查。国际诱拐儿童案件中，当事人的关系本来就出现了问题，双方的矛盾和冲突通常会由于一方诱拐儿童的行为而急速升级，另一方很有可能会做出一些过激的行为。因而，在开展调解工作之前，应当首先要求调解员了解具体案件的情况，对该案调解的适当性进行审慎地评估，避免发生风险。在评估某一案件是否适宜进行调解的时候，调解员可以根据公约调解指南列举的影响因素进行判断。

（3）确定调解的模式和方法。根据未来我国与相关国家签订双边条约的情况，确定案件的调解模式，即采用单边调解还是双边调解。根据具体案件的情况，确定调解的方法，即采用一个调解员单独调解还是由两个调解员共同调解。海牙会议鼓励使用两个调解员，代表父母双方各自的国籍。这种两个调解员共同参加的调解模式不仅能使调解员与当事人语言相通，更重要的是，能够理解当事人之间的文化偏差，有利于向对方解释相关的问题。我国指定的中央联络处可以与对方国家的中央机关合作，找到适合的调解员。在调解中，纠纷当事人对调解员的信任很难建立，主要依赖对参加者的文化认同。[1]因而，两个调解员合作调解的双边调解方式，有助于帮助当事人消除对我国国内法律体系的某些偏见，从而建立信任关系。

---

〔1〕 Melissa A. Kucinski, "Culture in International Parental Kidnapping Mediati-ons", 9 Pepp. Disp. Resol. L. J., 575 (2009).

最后，在我国就解决国际诱拐儿童案件没有可用的区域性或国际性法律的情况下，应当注意时间对于跨国诱拐纠纷的解决极其重要，应当尽可能快速地恢复儿童与留守一方父母的联系，以避免彼此之间关系的疏离甚至陌生。

3. 赋予调解协议法律效力

我国应当要求调解员，在帮助当事人起草调解协议的时候，始终注意考虑未来该调解协议的实际执行情况。调解协议的内容需要符合相关法律体系的要求。调解协议中涉及有关监护和探视儿童的内容时，应当尽可能的详细具体，并考虑它未来的实际可操作性。

对于当事人达成的调解协议，我国应当采取必要的措施使其在我国具有法律拘束力和执行力。具体的方式可以考虑由我国法院审查后转化为法院裁决，或者是以同意令的形式予以批准。同时，我国司法机关应当加强在跨国诱拐儿童纠纷领域的国际合作，帮助当事人使其达成的调解协议能在其他缔约国也获得法律效力和执行力。

在调解协议的履行涉及其他国家的情况下，拟定协议时应当注意可能需要使用不同的文字，以帮助其在不同国家获得法律拘束力。调解员应当与当事人的法律代表密切合作。在开始执行调解协议之前，协议应当在相关的国家具有执行力或法律拘束力。我国的中央联络处应当为当事人提供相关程序方面的信息。在需要的情况下，我国可以考虑为调解协议的执行问题制定相关的法律规范。

由于我国没有适用于涉外家事纠纷的调解制度，建立适用于国际诱拐儿童案件的调解机制，对在构建我国国际家事纠纷调解机制时弥补这一领域的缺失也具有重要的意义。但总的来说，在缺乏可用的区域性或国际性法律框架的情况下，调解国际诱拐儿童案件是非常特殊的情况。如果调解失败，或者调解协议在实际执行过程中出现了问题，我国没有一个备用的司法程序解决途径。因而，为了从根本上解决跨国诱拐儿童纠纷，加入海牙国际诱拐儿童公约将是我国最终的必然选择。近年来，我国开始重视跨国诱拐儿童问题，加强对海牙《儿童诱拐公约》的深入探讨。

2014 年 5 月 13 日，在我国政府的支持下，中国人民大学法学院与海牙国际私法会议暨亚太区域办事处合作，在北京举行“跨境家庭法问题和儿童福利：亚太视角”国际研讨会。本次会议的目的为研讨在亚太区域执行和实施海牙与儿童福利相关的公约过程中产生的跨境家庭法的争议、问题和困难，并就各国为了儿童最佳利益而解决跨境家庭法问题的实践交换意见并分享经验。来自海牙国际私法会议等政府间国际组织、联合国儿童基金会等专门机构，中国、美国、英国、法国、日本、韩国、芬兰、荷兰、加拿大、新加坡、澳大利亚、菲律宾、香港地区、澳门地区等国家和地区的 90 余位官员、法官、外交官、律师、专家、学者参加了此次会议。我国外交部、司法部、民政部、最高人民法院等组成中国政府代表团参会。会议重点讨论了 1980 年《儿童诱拐公约》和亚太地区的诱拐儿童问题，我国发言人对海牙儿童诱拐公约的要求和义务与我国国内实践的不同发表了看法。这次会议提升了对海牙儿童诱拐公约的关注，为亚太国家在跨国诱拐儿童案件和相关问题方面交换信息、经验和实践提供了区域性平台。参会者建议应当继续这种对话，对儿童诱拐公约以及如何在亚太地区加强保护儿童措施进行研究和交换看法方面继续加大努力。[1]

---

〔1〕“Permanent Bureau of the Hague Conference on Private International Law”, Briefings-Hague Conference Update, IFL. 195. September (2014).

随着我国对《儿童诱拐公约》的关注和重视，相信我国在不久的未来会加入该公约，就解决有关儿童的跨境争端、保护儿童福利以及与世界各国在该领域的互助与协作方面，发挥一个大国应有的积极和重要作用。

参考文献

一、中文部分

（一）著作类

[1] 杜焕芳:《国际诱拐儿童民事问题研究:〈海牙公约〉解释、实施与适用》，法律出版社2014年版。

[2] 来文斌:《家事调解制度研究》，群众出版社2014年版。

[3] 刘仁山:《国际私法》，中国法制出版社2014年版。

[4] 汪金兰:《儿童权利保护的国际私法公约及其实施机制研究》，法律出版社2014年版。

[5] 吴用:《儿童监护国际私法问题研究》，对外经济贸易大学出版社2009年版。

[6] 徐伟功:《冲突法的博弈分析》，北京大学出版社2011年版。

[7] [日] 山本新:《未来，属于中国：汤因比论中国传统文化》，杨栋梁，赵德宇译，陕西人民出版社1989年版。

（二）论文类

[8] 陈柏峰:“调解，实践与经验研究——对调解研究的一个述评”，载《清华法律评论》2007年第1期。

[9] 杜焕芳:“国际民商事司法与行政合作研究”，武汉大学2005年博士学位论文。

[10] 杜焕芳:“国际私法条约解释的路径依赖与方法展开”，载《中国法学》2014年第2期。

[11] 胡斌:“海牙《国际诱拐儿童民事方面的公约》评析”，载《中国国

际私法与比较法年刊》1998年创刊号。
[12] 李佩璇:“大陆与其他法域的儿童返还申请的可操作性——兼谈中国加入《海牙国际儿童诱拐公约》的前景展望”，载《“家事法苑”TM婚姻家庭法律资讯简报》2012年第1期。
[13] 刘仁山:“国际民商事判决承认与执行中的司法礼让原则”，载《中国法学》2010年第5期。
[14] 刘仁山:“现时利益重心地是惯常居所地法原则的价值导向”，载《法学研究》2013年第3期。
[15] 刘仁山:“以‘王道’观世界——读《中国思想下的全球化管辖规则》有感”，载《国际法研究》2014年第2期。
[16] 汤鸣:“澳大利亚家事调解制度:问题与借鉴”，载《法律适用》2010年第10期。
[17] 汪金兰:“我国应尽快加入1980年海牙诱拐儿童公约”，载《中国国际私法学会2013年年会论文集(上卷)》。
[18] 汪金兰:“1980年海牙《国际诱拐儿童民事方面的公约》及其实施机制评析”，载《安徽大学法律评论》2008年第2期。
[19] 吴用:“海牙《国际诱拐儿童民事方面公约》评介—兼论我国加入公约的可行性”，载《中国青年政治学院学报》2013年第6期。
[20] 吴用:“欧盟国际儿童民事诱拐新机制研究”，载《中国青年研究》2011年第12期。
[21] 张美榕:“香港冲突法中的国际间儿童诱拐问题”，载《时代法学》2011年第2期。
[22] 张晓茹:“外国法院家事调解制度考察”，载《人民法院报》2006年12月28日。
[23] 张翼杰:“家事纠纷解决机制国际经验研究”，载《人民论坛》2015年第3期。
[24] 赵宁宁:“大陆国际性儿童诱拐问题及其解决”，载《“家事法苑”TM婚姻家庭法律资讯简报》2012年第1期。
[25] 郑英豪:“我国调解制度变迁中国家权力的角色承担与未来向度——基于法社会学的观察”，载《法学评论》2015年第1期。

二、外文部分

（一）著作、报告类

[1] Adair Dyer, "The Questionnaire and Report on International Child Abduction by One Parent", Prel. Doc. No. 1, 1997.

[2] Beaumont, Paul R. and McEleavy Peter E., *The Hague Convention on International Child Abduction*, Oxford University Press, UK, 1999.

[3] "Conclusions and Recommendations of the fourth Meeting of the Special Commision to Review the Operation of the Hague Convention of 25 October 1980 on the Civil Aspects of International Child Abduction", March 2001.

[4] Council of Europe, "Explanatory Memorandum to Recommendation No. R (98) 1 of the Committee of Ministers to Member States on Family Mediation", Memorandum [16].

[5] Elena D' Alessandro, "Results of Mediation and Cross-Border Enforcement of Mediation Agreements", ERA Forum, 2013.

[6] Elisa Pérez-Vera, "Explanatory Report on the 1980 Hague Child Abduction Convention", Hague Conference, 1982.

[7] G. L. Grief & R. L. Hegar, *When Parents Kidnap: The Families Behind the Headlines*, New York: Free Press, 1993.

[8] General Affairs and Policy Council, "Report on the First Regional Seminar of the Working Party on Mediation in Southeast Asia", Info. Doc. No. 10. March 2015.

[9] Hague Conference on Private International Law, "The Malta Judicial Conference on Cross-Frontier Family Law Issues Hosted by the Government of Malta in Collaboration with the Hague Conference on Private International Law", Declaration 4, 2004.

[10] "Hague Conference on Private International Law, The Malta Judicial Conference on Cross-Frontier Family Law Issues Hosted by the Government of Malta in Collaboration with the Hague Conference on Private International Law", Declaration 3, 2009.

[11] "Hague Conference on Private International Law", Working Party on Mediation in the Context of the Malta Process Questionnaire 2, 2009.

[12] Hutchinson, A., "Can Mediation Play a Role in Cases of International Parental Child Abduction?" Paper presented at ERA conference, "Divorce Mediation" organized by Dr Angelika Fuchs, Trier, March 2005.

[13] "International Child Abduction: Implementation of the Hague Convention on Civil Aspects of International Child Abductions: Hearing before the Comm. on Int'l Relations", 106th Congress, 33, 1999.

[14] "J Goldson, Hello, I'm a Voice, Let Me Talk: Child-inclusive Mediation in Family Separation' The Families Commision Innovative Practice Report No. 1/06", December 2006.

[15] J. R. Johnston et al., "Prevention of Family Abduction Through Early Identification of Risk Factors", Office of Juvenile Justice and Delinquency Prevention, U. S. Department of Justice, Washington, D. C. 2000.

[16] Klaus J. Hopt and Felix Steffek, *Mediation: Principles and Regulation in Comparative Perspective*, Oxford University Press, 2012.

[17] M. Lloyd, "The Status of Mediated Agreements and Their Implementation", in *Family Mediation in Europe-proceedings*, 4th European Conference on Family Law, Palais de l'Europe, Strasbourg, 1-2 October 1998, Council of Europe Publishing, April 2000.

[18] Marilyn Freeman, "International Child Abduction: the Effects", For the Reunite Research Unit, Funded by the Department for Constitutional Affairs, May 2006.

[19] "Mediation In International Parental Child Abduction-The Reunite Mediation Pilot Scheme", Reunite International Child Abduction Centre, Oct. 2006.

[20] Nigel Lowe, "A Statiscal Analysis of Application Made in 2008 under the Hague Convention of 25 October 1980 on the Civil Aspects of International Child Abduction."

[21] Nigel Lowe, "A Statiscal Analysis of Application Made in 2003 under the

Hague Convention of 25 October 1980 on the Civil Aspects of International Child Abduction", Part Ⅰ: Overall Report. Part Ⅱ: National Report's Prel. Doc No. 3, 2008.

[22] Office of Children's Issues, U. S. Dep't of State, "Report on Compliance with the Hague Convention on the Civil Aspects of International Child Abduction", Travel. State. Gov, 6-8 (2009), available at http://www. travel. state. gov/pdf/2009 Hague Abduction Convention Compliance Report. pdf.

[23] Office of Children's Issues, U. S. Dep't of State, "Report on Compliance with the Hague Convention on the Civil Aspects of International Child Abduction", See Travel. State. Gov, 2009.

[24] "Overview of International Family Mediation", International Social Service-USA in Collaboration with National Association for Community Mediation, available at www. iss-usa. org, March 25, 2013.

[25] Rafal Morek, "Nihil Silentio Utilius: Confidentiality in Mediation and Its Legal Safeguards in the EU Member States", ERA Forum, 2013.

[26] Sarah Vigers, *Mediating International Child Abduction Cases: The Hague Convention*, Hart Publishing, UK, 2011.

[27] Sarah Vigers, "Note on the Development of Mediation, Conciliation and Similar Means to Facilitate Agreed Solutions in Transfrontier Family Disputes Concerning Children Especially in the Context of the Hague Convention of 1980", Preliminary Document No. 5, of October 2006 .

[28] Silvia Pfeiff , Brussels Ⅱ Regulation, "Child Abduction and International Mediation", available at http://orbi. ulg. ac. be/handle/2268/101351.

[29] The Committee of Ministers, Recommendation No. R (98) 1 of the Committee of Ministers to Member States on Family Mediation, 21 January 1998.

[30] The Family Court of New Zealand, "Hague Convention Cases: Mediation Process-Removal, Retention And Access", the Practice Note, 2010.

[31] The National Audit Office, "Legal Aid and Mediation for People Involved in Family Breakdown", the United Kingdom (England and Wales), March 2007.

[32] The Permanent Bureau, "Report on the Fifth Meeting of the Special Commission to review the operation of the Hague Convention of 25 October 1980 on the Civil Aspects of International Child Abduction and the Practical Implementation of the Hague Convention of 19 October 1996 on Jurisdiction", Applicable Law, Recognition, Enforcement and Co-operation in Respect of Parental Responsibility and Measures for the Protection of Children (30 October-9 November 2006), available at www. hcch. net.

[33] The Permanent Bureau, "Report on the Fourth Meeting of the Special Commission to Review the Operation of the Hague Convention of 25 October 1980 on the Civil Aspects of International Child Abduction and the Practical Implementation of the Hague Convention of 19 October 1996 on Jurisdiction", Applicable Law, Recognition, Enforcement and Co-operation in Respect of Parental Responsibility and Measures for the Protection of Children, available at www. hcch. net.

[34] The Permanent Bureau, "Country Profile-Hague Convention of 25 October 1980 on the Civil Aspects of International Child Abduction", 2011.

[35] The Permanent Bureau, "Questionnaire Concerning the Practical Operation of the Hague Convention of 25 October 1980 on the Civil Aspects of International Child Abduction (Including questions on implementation of the Hague Convention of 19 October 1996 on Jurisdiction", Applicable Law, Recognition, Enforcement and Co-operation in Respect of Parental Responsibility and Measures for the Protection of Children), Prel. Doc. No. 1 of April 2006 . available at www. hcch. net.

[36] The Permanent Bureau, "Report on the Expert's Group on Cross-Border Recognition and Enforcement of Agreements in International Child Disputes and Recommendation for Future Work", Prel. Doc. No. 5. March 2014.

[37] The Permanent Bureau, "Feasibility Study on Cross-border Mediation in Family Matters-Responses to the Questionnaire", Prel. Doc. No. 10, 2008.

[38] The Permanent Bureau, "Responses to Questionnaire Concerning the Practical Operation of the Hague Convention of 25 October 1980 on the Civil Aspects

of International Child Abduction", 2006.

[39] The Permanent Bureau, "Working Party on Mediation in The Context of the Malta Process, Principles for the Establishment of Mediation Structures in the Context of the Malta Process", 2010.

[40] The Permanent Bureau, The Hague Conference on Private International Law, "Guide to Good Practice under the Hague Convention of 25 October 1980 on the Civil Aspects of International Child Abduction", Part Ⅰ-Implementing Central Authority Practice 44-48 , 2003.

[41] The Permanent Bureau, The Hague Conference on Private International Law, "Guide to Good Practice under the Hague Convention of 25 October 1980 on the Civil Aspects of International Child Abduction", Part Ⅱ-Implementing Measures, 2003.

[42] The Permanent Bureau, The Hague Conference on Private International Law, "Guide to Good Practice under the Hague Convention of 25 October 1980 on the Civil Aspects of International Child Abduction", Part Ⅲ-Preventive Measures, 2005.

[43] The Permanent Bureau, The Hague Conference on Private International Law, "Guide to Good Practice under the Hague Convention of 25 October 1980 on the Civil Aspects of International Child Abduction", Part Ⅳ-Enforcement, 2010.

[44] The Permanent Bureau, The Hague Conference on Private International Law, "Guide to Good Practice under the Hague Convention of 25 Octobor 1980 on the Civil Aspects of International Child Abduction", Part Ⅴ-Mediation, 2012

[45] The Reunite International Child Abduction Centre, "Mediation in International Parental Child Abduction", Oct. 2006.

（二）论文类

[46] A Bucher, "The New Swiss Federal Act on International Child Abduction", 4 *Journal of Private International Law* 139 (2008).

[47] Amanda Michelle Waide, "To Comply or Not to Comply? Brazil's Rela-

tionship with the Hague Convention on the Civil Aspects of International Child Abduction", 39 Ga. J. Int'l&Comp. L. 280 (2010).

[48] Angela Cora Garcia, "Mediation Talk in Cross Cultural Perspective: The Contribution of Conversation Analysis", 9 *China Media Research* 4 (2013).

[49] Brian Quillen, "The New Face of International Child Abduction: Domestic -Violence Victims and Their Treatment Under the Hague Convention on the Civil Aspects of International Child Abduction", 49 *Texas International Law Journal* (2014).

[50] Buck, Trevor, " Mediating International Child Abduction Cases: The Hague Convention ", 72 *Cambridge Law Journal* 787 (2013).

[51] Caitlin M. Bannon, "The Hague Convention on the Civil Aspects of International Child Abduction: The Need for Mechanisms to Address Noncompliance", 31 B. C. Thirdworld L. J. 129 (2011).

[52] Christoph C. Paul and Dr. Jamie Walker, "An International Mediation: From Child Abduction to Property Distribution", 23 *American Journal of Family Law* 3 (2009).

[53] Christopher L. Blakesley, "Child Custody-Jurisdiction and Procedure", 35 Emory L . J. 291 (1986).

[54] Colin P. A. Jones, "Will the Child Abduction Treaty Become More 'Asian'? A First Look at the Efforts of Singapore and Japan to Implement the Hague Convention", 42 *Denver Journal of International Law and Policy* 287 (2014).

[55] Dagmar Coester-Waltjen, "The Future of the Hague Child Abduction Convention: The Rise of Domestic and International Tensions-the European Perspective", 33 N. Y. U. J. Int'l L. & Pol. 59 (2000).

[56] Esther Levy Blynn, " In re: International Child Abduction v. Best Interests of the Child: Comity Should Control", 18 U. Miami Inter-Am. L. Rev. 353 (1987).

[57] F Garwood, "Children in Conciliation: The Experience of Involving Children in Conciliation" , 28 *Family and Conciliation Courts Review* 43

(1989).

[58] H. Joyce, "Mediation and Domestic Violence: Legislative Responses, Comment", 14 J. Am. Acad. *Matrimonial Law* 451 (1997).

[59] Harold Abramson, "Selecting Mediators and Representing Clients in Cross-Cultural Disputes", 7 *Cardozo J. Conflict Resol.* 253 (2006).

[60] J. Alanen, "When Human Rights Conflict: Mediating International Parental Kidnapping Disputes Involving the Domestic Violence Defense", 40 U. Miami Inter-Am. L. Rev. 49 (2008).

[61] Jeanine Lewis, "Comment: The Hague Convention on the Civil Aspects of International Child Abduction: When Domestic Violence and Child Abuse Impact the Goal of Comity", 13 *Transnat'l Law* 391 (2000).

[62] Jennifer Zawid, "Practical and Ethical Implications of Mediating International Child Abduction Cases: A New Frontier for Mediators", 40 *The University of Miami Inter-American Law Review* (2008).

[63] KimberleeK. Kovach, "Musings on Ideals in the Ethical Regulation of Mediators: Honesty, Enforcement and Education", 21 Ohio St. J. on Disp. Resol. 123 (2005).

[64] Kucinski, Melissa A, "The Delicate Art of Mediating International Parental Child Abduction Cases", 20 *Dispute Resolution Magazine* 2 (2014).

[65] Laura C. Clemens, "International Parental Child Abduction: Time for the United States to Take a Stand", 30 Syracusej. Int'l L. & Com. 151 (2003).

[66] Linda D. Elrod, "Please Let me stay: Hearing the Voice of the child in Hague Abduction Cases", 63 *Oklahoma Law Review* (2011).

[67] Linda Silberman, "Hague Convention on International Child Abduction: A Brief Overview and Case Law Analysis", 28 Fam. L. Q. 30 (2000).

[68] Marilyn Freeman, "In the Best Interests of Internationally Abducted Children? Plural , Singular, Neither' ", *International Family Law* 77 (2002).

[69] Melissa A. Kucinski, "Creating a Successful Structure to Mediate International Parental Child Abduction Sases", 26 *American Journal of Family Law* 2 (2012).

[70] Melissa A. Kucinski, "Culture in International Parental Kidnapping Mediations", 9 *Pepperdine Dispute Resolution Law Journal* (2009).

[71] Melissa A. Kucinski, "The Pitfalls and Possibilities of Using Technology in Mediating Cross-Border Child Custody Cases", 2010 *Jounal of Dispute Resolution* 297 (2010).

[72] Melvin A. Rubin, "Introduction to the Symposium on Cross-border Family Mediation with an Emphasis on the 1980 Hague Convention on the Civil Aspects of International Child Abduction", 40 *The University of Miami Inter-American Law Review* (2008).

[73] N. Lowe & K. Horosova, "The Operation of the 1980 Hague Abduction Convention-A Global View", 41 *Family Law Quarterly* (2008).

[74] Nancy Ver Steegh, "Family Court Reform and ADR: Shifting Values and Expectations Transform the Divorce Process", 42 *Family Law Quarterly* (2008).

[75] Nigel V. Lowe & Victoria Stephens, " Global Trends in the Operation of the 1980 Hague Abduction Convention", 46 Fam. L. Q. 41 (2012).

[76] Nuria González Martín, "Mediation in Cases of International Child Abduction by One of the Parents and Voluntary Cross-Border Agreements: the Mexican Case", 141 *Boletín Mexicano de Derecho Comparado* (2014).

[77] Nuria González Martín, "Mediation in Cases of International Child Abduction by One of the Parents and Voluntary Cross-border Agreements: The Mexican Case", *Boletín Mexicano de Derecho Comparado*, nueva serie, año XLVII, núm. 141, septiembre-diciembre de 2014.

[78] Nuria, "International Parental Child Abduction and Mediation", XV *Anuario Mexicano de Derecho Internacional* (2015).

[79] Patricia Rigdon, "Review of 'Mediating International Child Abduction Cases-The Hague Convention' by Sarah Vigers", 10 *Journal of Child Custody* (2013).

[80] Paula Shulman, "Brazil's Legacy of International Parental Child Abduction: Mediation Under the Hague Abduction Convention as a Solution", 16 *Car-*

dozo Journal of Conflict Resolution (2014).

[81] Radoslaw Pawlowski, "Alternative Dispute Resolution for Hague Convention Child Custody Disputes", 45 *Family Court Review* 302 (2007).

[82] Rania Nanos, " The Views of a Child: Emerging Interpretation and Significance of the Child's Objection Clause under the Hague Convention Abduction Convention", 22 Brooklyn J. Int'l Law 445 (1996).

[83] Richard E. Crouch, " Resolving International Custody Disputes in the United States", 13 J. Am. Acad. Matrim. Law 229 (1996).

[84] Saniya O'Brien, "The Trials and Tribulations of Implementing the Hague Convention on International Child Abduction: Improving Dispute Resolution and Enforcement of Parental Rights in the International Arena", 35 Geo. Wash. Int'l L. Rev. 197 (2003).

[85] Stalford, H. ," Crossing Boundaries: Reconciling Law, Culture and Values in International Family Mediation", 32 *Journal of Social Welfare & Family Law* (2010).

[86] Timothy L. Arcaro, "Creating a Legal Society in the Western Hemisphere to Support the Hague Convention on Civil Aspects of International Child Abduction", 40 U. Miami Inter-Am. L. Rev. 109 (2008).

[87] Tom Harper, "Comment, The Limitations of the Hague Convention and Alternative Remedies for a Parent Including Re-Abduction", 9 Emory Int'l L. Rev. (1995).

[88] Vonfelt, G. , "Intenational Mediation for Families and the Hague Convention of 25 October 1980", 6 *The Judges Newsletter on International Family Law* (2006).

[89] William Duncan, "Globalisation of the Hague Children's Convention With Emphasis on the Child Abduction Conventin ", 63 *Oklahome Law Review* (2011).

[90] Wolfgang Vomberg, "Hague Convention on Child Abduction (HCA), the Hague Defences-How Are They Being Aapplied? Perspectives from the European and German Jurisdictions", 5 Int'l Acad. of Matrimonial Law 2 (2010).

附 录

国际诱拐儿童民事方面的公约[1]

（一九八〇年十月二十五日订于海牙）

本公约签字国确信儿童利益是儿童监护最重要的问题，愿意就国际范围内保护儿童免受非法转移和滞留的伤害，制定程序以确保迅速交还儿童至其惯常居住地国，并对探望权予以保护，决定为此目的缔结这一公约，并设定条款如下：

第一章 公约的范围

第一条 本公约的目的是：

（一）确保迅速交还被非法转移至或滞留于任何缔约国境内的儿童；

（二）确保在某一缔约国依法享有的监护权或探望权在另一缔约国获得有效尊重。

第二条 缔约国应采取一切恰当措施确保在其领土范围内本公约目的的执行。为此目的，缔约国应采取可行的最迅速的程序。

第三条 在下列情形下，对儿童的转移或滞留被视为非法：

（一）转移或滞留侵犯了在该转移或滞留行为发生前依儿童惯常居住地国法已赋予某人、某机构或任何其他团体联合或单

---

〔1〕 本公约系海牙国际私法会议官网的中文版本。

独行使的监护权，并且

（二）在转移或滞留时，实际上已共同或单独地行使上述监护权，或若非该转移或滞留行为发生，则将行使此项权利。

上述第一款提及的监护权，可特别地因法律实践、司法或行政裁决以及依该国法律具有法律效力的协议而产生。

第四条　本公约应适用于在侵犯监护权或探望权的行为发生前，惯常居住于某一缔约国的所有儿童。本公约在儿童年满十六周岁时停止适用。

第五条　为本公约的目的：

（一）“监护权”应包括对儿童的人身看护权，并特别地包括决定该儿童居住地的权利；

（二）“探望权”应包括在一定期限内将儿童带到该儿童惯常居住地以外的地点的权利。

第二章　中央机关

第六条　每个缔约国应指定一个中央机关负责本公约赋予其的职责。

联邦国家、多法制并存的国家或辖有自治领土机构的国家应自由指定多个中央机关并明确其各自权限的领土范围。当一缔约国指定多个中央机关时，它还应指定一个中央机关负责把申请文件转递至其国内一个恰当的中央机关。

第七条　各缔约国中央机关应相互合作并促进其各自国内主管机关的合作，以确保交还儿童和实现本公约的其他目的。

特别是，各国中央机关应采取各种直接或间接的适当措施：

（一）查找被非法转移或滞留的儿童的下落；

（二）通过采取或推动采取临时措施阻止对该儿童或利害当事人的进一步损害；

（三）确保自愿交还该儿童或设法友好解决该问题；

（四）需要时交换有关儿童的社会背景材料；

（五）提供介绍其本国法律中有关执行本公约一般情况的资料；

（六）为了获得儿童返回，进行诉讼或协助进行司法或行政诉讼程序，并在必要时作出安排以组织或保证探望权的有效行使；

（七）必要时提供或协助提供包括法律顾问参与的法律援助和法律咨询；

（八）提供必要和适当的行政安排，以确保迅速交还该儿童；

（九）相互通报有关本公约的执行情况，并尽可能排除不利于适用公约的各种障碍。

第三章　交还儿童

第八条　任何声称对儿童的转移或滞留行为侵犯了其监护权的个人、机构或其他团体，可向该儿童惯常居所地国的中央机关，或向任何其他缔约国的中央主管机关提出申请，以确保交还该儿童。

该申请应包括下列资料：

（一）有关申请人、该儿童以及被指控为转移或滞留儿童者的身份材料；

（二）可能获知的话，该儿童的出身日期；

（三）申请人请求交还儿童的依据；

（四）一切可以获得的有关儿童下落，以及认为可能与该儿童在一起的人的身份材料；

申请书可以附加或补充下列文件：

（五）经认证的有关裁决或协议的副本；

（六）由儿童惯常居所地国中央主管机关或其他主管机关，或有资格的个人作出的、关于该国有关法律情况的证明书或宣誓书；

（七）任何其他有关文件。

第九条　如果收到第八条所指申请的中央机关有理由认为该儿童在另一缔约国，它应直接和无延误地将该申请转递至该缔约国的中央主管机关，并通知请求国的中央主管机关，或有可能时，通知该申请人。

第十条　如儿童位于某一缔约国，该缔约国中央机关应采取或设法采取各种适当措施，以促成自愿交还该儿童的目的。

第十一条　缔约国的司法或行政机关交还儿童的程序应迅速。

如果自交还程序开始之日起六个星期内，司法或行政机关仍未作出裁决，申请人或被请求国家的中央机关，有权主动或依请求国中央主管机关的请求，要求说明迟延理由。被请求国中央机关收到答复后，应将该答复转递至请求国中央机关，或在必要情况下转递至申请人。

第十二条　如果依第三条规定，某一儿童已被认为被非法转移或滞留，并且如果在该儿童所在国的司法或行政机关启动有关程序之日起，非法转移或滞留的期间未满一年，司法或行政机关应迅速作出交还该儿童的裁定。

即使交还程序是在前款所规定的非法转移或滞留期间已满一年后开始，司法或行政机关也应裁定交还该儿童，除非该儿童被证明现已转居于新环境。

被请求国的司法或行政机关如有理由相信该儿童已被转移至其他国家，它可停止交还程序或者驳回请求交还该儿童的申请。

第十三条 尽管有前条的规定，但如果反对交还该儿童的个人、机构或其他团体能证明存在下列事实，被请求国的司法或行政机关则无义务作出交还儿童的裁定：

（一）对该儿童有人身看护权的个人、机构或其他团体在转移或滞留行为发生时，并未实际行使此种监护权，或已同意或事后默认该转移或滞留行为；或者

（二）交还儿童将存在使该儿童遭受生理或心理上的伤害，或致其处于无法忍受的境地的重大危险。

如果发现该儿童拒绝被交还，并且其年龄和成熟程度均已达到应对其意见予以考虑的程度，司法及行政机关也可作出拒绝交还该儿童的裁定。

在审查本条所指情形时，司法及行政机关应考虑该儿童惯常居住地国的中央机关或其他主管机关提供的有关该儿童的社会背景资料。

第十四条 在审查是否存在第三条所指的非法转移或滞留行为时，被请求国的司法或行政机关应注意儿童惯常居所地国正式或非正式承认的法律和司法或行政判决，而不必进行外国法查明或者外国判决承认的特别程序。

第十五条 在作出交还该儿童的裁定之前，缔约国的司法或行政机关，可要求申请人获得儿童惯常居所地国主管机关出具的裁决或其他决定，以表明转移或滞留行为是按照本公约第三条所指的非法行为，如果此种判决或决定在该国是可以取得的。缔约国的中央主管机关应尽可能协助申请人取得此种判决或决定。

第十六条 在收到第三条所指的对儿童非法转移或滞留行为的通知后，该儿童被转移至或滞留的缔约国的司法或行政机关，不应对监护权的实质问题作出裁定，除非已经决定依本公

约不交还该儿童，或者在收到通知后一段合理期间内，无人依本公约提出申请。

第十七条　一项有关监护权的裁定已经或将在被请求国获得承认的单一事实，不应作为拒绝依照本公约交还该儿童的理由，但被请求国司法或行政机关在适用本公约时可考虑有关裁定的依据。

第十八条　本章条款并不限制司法或行政机关可随时作出交还该儿童的裁定的权力。

第十九条　依照本公约作出的有关交还儿童的裁决，不影响监护权的实质问题。

第二十条　如果被请求国关于保护人权和基本自由的基本原则禁止依照公约第十二条规定作出交还儿童的裁定，则被请求国可以拒绝作出该裁定。

第四章　探望权

第二十一条　请求作出安排或组织或确保探望权得到有效行使的申请，可依照与申请交还儿童相同的方式，递交缔约国中央机关。

中央机关应依第七条规定的合法义务，促进和平行使探望权，并提供行使该权利所必需的所有条件。中央机关应采取步骤，尽可能消除所有阻挠行使该权利的障碍。

中央机关可通过直接或间接的方式，适用司法或行政程序或为之提供便利，以组织或保护该权利，并确保对行使该权利所必需的条件的尊重。

第五章　一般条款

第二十二条　在本公约范围的司法或行政程序中，不应以股票、证券或存款等任何名义作为诉讼费用的担保。

第二十三条 本公约对其所涉文件并未规定任何法律认可或类似形式要件的要求。

第二十四条 任何送至被请求国中央机关的申请、联系资料或其他文件，均应以其本国文字作成，并附有被请求国的官方文字或其中一种官方文字的译本，若不能作成该译本，也可附法文或英文的译本。

但缔约国可以根据第四十二条作出保留，反对在任何送至其中央机关的申请、联系资料或其他文件中使用法文或英文，但不得对使用该两种文字都予以反对。

第二十五条 在有关适用本公约的事项上，缔约国国民和惯常居住于该国的个人有权在其他任何缔约国，在假设他们本身是后者的国民或惯常居住者的同样条件下，获得法律援助和咨询。

第二十六条 各中央机关应自行承担各自在适用公约时产生的费用。

缔约国的中央机关或其他公共机构不应就依本公约提交的申请征收任何费用。特别是，它们可不要求申请人支付法律程序中产生的费用，或在可能情形下，不要求支付因法律顾问的介入而产生的费用。然而，他们可要求支付因执行交还儿童裁定产生或将产生的费用。

然而，一缔约国可依第四十二条作出保留，声明它并无义务承担前款所指的、因法律顾问的介入而产生的或在法律程序中产生的费用，除非上述费用可由其法律援助和法律咨询制度所涵括。

在依本公约作出交还儿童的裁定或有关探望权的裁定时，司法或行政机关在恰当情形下，可要求转移或滞留该儿童的个人或阻止行使该监护权的个人，支付由申请人或代申请人产生的必要费用，包括交通费用，为查寻该儿童而产生的费用、申请人为作法律陈述而产生的费用、因交还该儿童而产生的费用。

第二十七条　如果本公约的要求未得到满足，或申请缺乏充足理由，中央机关并无义务接受该申请。在这种情形下，中央机关应立即将其理由通知申请人，或在必要情形下通知递交该申请的中央机关。

第二十八条　中央机关可要求申请应附有一份书面委托书，授权该中央机关代表申请人行动或指定一个代表如此行动。

第二十九条　本公约不应阻碍任何声称存在侵犯第三条或第二十一条所规定的监护权或探望权行为的个人，机构和其他团体，直接向一缔约国的司法或行政机关提出申请，无论该申请是否符合本公约的规定。

第三十条　任何依本公约规定，递交至缔约国中央机关或直接递交至其司法或行政机关的申请，以及所附的或由中央机关提供的文件和资料，应被缔约国的法院或行政机关采纳。

第三十一条　在儿童监护事项上有两个或两个以上的法律制度可适用于不同领土单位的国家：

（一）任何指称该国惯常居所应解释为该国领土单位内的惯常居所；

（二）任何指称惯常居住地国的法律应解释为儿童常住的该国领土单位的法律。

第三十二条　在儿童监护事项上有两种或两种以上的法律制度适用于不同种类之人的国家，任何指称该国的法律，应解释为该国法律相应指定的法律制度。

第三十三条　不同领土单位在儿童监护方面各有其法律规则的国家，在单一法制国家不受公约约束的情况下，并无义务适用该公约。

第三十四条 在同为本公约和 1961 年 10 月 5 日缔结的《未成年保护的管辖权和法律适用公约》成员国的国家间，就有关本公约范围的事项，应优先适用本公约。除此以外，为交还被非法转移或滞留的儿童，或安排探望权的目的，本公约并不限制适用请求国和被请求国之间已生效的国际性文件或被请求国法律。

第三十五条 本公约在缔约国间的适用，仅限于其已在这些国家生效后发生的非法转移或扣留行为。

对于已依第三十九条或第四十条作出一项声明的缔约国，前款所指的缔约国应指该国为本公约所管辖的一个或多个领土单位。

第三十六条 本公约的任何规定，并不阻碍两个或两个以上缔约国，为减少返还儿童的限制而在彼此之间达成协议，以废止本公约中可能含有此种限制的条款。

第六章　最后条款

第三十七条 本公约应对海牙国际私法会议第十四次会议的成员国开放签署。

本公约须经批准、接受或核准，批准、接受或核准文件应交存于荷兰外交部。

第三十八条 任何其他国家均可加入本公约。

加入书应交存于荷兰外交部。

本公约对加入国在其交存加入书后第三个自然月的第一天生效。

加入仅在加入国与声明接受该加入的缔约国之间有效。批准、接受或认可本公约的成员国也应在加入国加入后发表这种声明。声明应交存于荷兰外交部，荷兰外交部通过外交途径将经证明无误的副本递交每一缔约国。

本公约在加入国与声明接受该加入的缔约国之间，自该接受声明交存后第三个月的第一天生效。

第三十九条　任何国家在签署、批准、接受、核准或加入本公约时，可声明本公约扩展适用至由其负责国际关系的所有领土，或其中一个或多个部分领土。该声明在本公约对该国生效时生效。

上述声明，以及任何随后的扩展，应通知荷兰外交部。

第四十条　如果一缔约国有两个或两个以上领土单位，并且在这些领土单位就本公约所涉事项上存在不同法律制度，可在签署、批准、接受、核准或加入时，声明本公约应扩展适用至其所有的领土单位，或仅仅适用于其中的一个或多个部分，并可随时递交其他声明修改原来的声明。

任何上述声明应通知荷兰外交部，并明确表明本公约扩展适用的领土单位，

第四十一条　如果一缔约国的政治制度规定该国的行政、司法和立法权由其中央机关和其他机关分享，该缔约国对本公约的签署或批准、接受或核准、加入，以及其依第四十条作出的声明，均不影响该国家内部权力的分配。

第四十二条　任何国家可在不迟于其批准、接受、核准或加入时，或在依第三十九条或第四十条作出一项声明时，作出第二十四条和第二十六条第三款所规定的一项或两项保留。任何其他保留概不允许。

任何国家可随时撤回其保留。该撤回应通知荷兰外交部。

该保留应于前款所指通知作出后第三个自然月的第一天失效。

第四十三条 本公约应于第三十七条和第三十八条所指的第三份批准、接受、核准或加入文件交存后第三个自然月的第一天生效。

此后，在下列情形下，本公约将生效：

（一）对任何在此后批准、接受、核准或加入的国家，在其批准、接受、核准或加入文件交存后第三个自然月的第一天；

（二）对任何依第三十九条或第四十条扩展适用本公约的领土或领土单位，在其依照该条所规定的通知作出后第三个自然月的第一天。

第四十四条 本公约自依第四十三条第一款生效之日起五年有效，对以后批准、接受、认可或加入本公约的国家亦同。

如果未经废止，本公约每五年自动更新有效一次。

任何废止至少应在五年期限届满六个月前通知荷兰外交部。废止可限于适用本公约的某些领土或领土单位。

废止仅对通知废止的国家有效。本公约对其他缔约国继续有效。

第四十五条 荷兰外交部应将下列事项通知海牙国际私法会议的成员国，以及依第三十八条加入本公约的国家：

（一）第三十七条所指的签字、批准、接受和认可；

（二）第三十八条所指的加入；

（三）本公约根据第四十三条生效的日期；

（四）第三十九条所指的扩展适用；

（五）第三十八条和第四十条所指的声明；

（六）第二十四条和第二十六条第三款所指的保留，以及第四十二条所指的撤销；

（七）第四十四条所指的退出。

下列签字人经正式授权，签署本公约，以昭信守。

1980年10月25日订于海牙，用英文及法文作成，两种文本同等作准。正本一份，应交存于荷兰政府档案馆，经证明无误的副本，应通过外交途径送交海牙国际私法会议第十四次会议的各成员国。